会计综合模拟实务操作

李坤 张露 / 主编

徐丹丹 周丹 / 副主编

图书在版编目(CIP)数据

会计综合模拟实务操作/李坤,张露主编. —上海:
立信会计出版社,2023.1
 ISBN 978-7-5429-7204-0

Ⅰ.①会… Ⅱ.①李… ②张… Ⅲ.①会计实务
Ⅳ.①F233

中国版本图书馆 CIP 数据核字(2022)第 237963 号

策划编辑　　陈　旻
责任编辑　　陈　旻
美术编辑　　吴博闻

会计综合模拟实务操作
KUAIJI ZONGHE MONI SHIWU CAOZUO

出版发行	立信会计出版社			
地　　址	上海市中山西路 2230 号	邮政编码	200235	
电　　话	(021)64411389	传　　真	(021)64411325	
网　　址	www.lixinph.com	电子邮箱	lixinaph2019@126.com	
网上书店	http://lixin.jd.com		http://lxkjcbs.tmall.com	
经　　销	各地新华书店			
印　　刷	常熟市华顺印刷有限公司			
开　　本	787 毫米×1092 毫米	1/16		
印　　张	15.75			
字　　数	208 千字			
版　　次	2023 年 1 月第 1 版			
印　　次	2023 年 1 月第 1 次			
书　　号	ISBN 978-7-5429-7204-0/F			
定　　价	42.00 元			

如有印订差错,请与本社联系调换

前　言

会计是一门实操性和专业性都很强的学科。为适应中小企业对应用型会计人才的需求，同时也为职业院校大数据与会计专业毕业生缩短从事实际工作的"适应期"，对在校学生开展仿真会计实训教学是十分重要的。

本书融理论与实践于一体，将企业的日常经济业务通过仿真模拟形式再现和重构，有利于加深学生对会计理论的理解，培养学生实操能力，缩短书本与实践的差距。本书在编写过程中，以会计职业能力培养为主线，以工作过程为导向，紧扣企业日常财务会计和成本会计等岗位实操要求，并形成以下特点：

（1）业务资料真实，具有针对性。在企业调研的基础上，本书对接职业标准和岗位需求，以一家服装生产企业为对象，整理了一套完整的经济业务，贴近真实工作场景，与业务相关的原始凭证按照实务工作中最新样式设计。

（2）内容全面，体现综合性。在业务的选取上，本书涵盖了"基础会计""财务会计""成本会计""税费计算与申报"等课程的基本内容，实训内容有一定的深度和广度，综合性较强。

（3）形式新颖。本书根据案例资料提供适量空白记账凭证、账页和报表等实训材料，使学生能接触到真实的表单，获得真实的业务实操体验。

本书由李坤、张露、徐丹丹和周丹撰写完成。编写本书的过程中，淮安淮裕会计师事务所张伶俐注册会计师和江苏苏盐井神股份公司基层单位汤菊财务总监提供了帮助与支持。编者还参考了多位专家学者的研究成果，包括教材、杂志和网站信息，请恕编者难在参考文献中一一注明，谨在此表示由衷的感谢。

由于编者水平有限，书中可能存在不足之处，恳请广大读者提出宝贵的意见和建议，以便我们日后修订和改进。

编　者

2023 年 1 月

目　　录

一、公司基本情况 ··· 1

　　（一）公司注册资料 ··· 1

　　（二）公司账户资料 ··· 1

　　（三）纳税登记资料 ··· 1

　　（四）公司工作组织 ··· 1

二、公司会计核算方法及财务管理制度 ··· 2

三、会计综合模拟实训业务资料 ··· 4

　　（一）期初资料 ··· 4

　　（二）主要经济业务 ··· 7

四、实训任务 ··· 129

附录1　空白记账凭证 ··· 131

附录2　空白账页 ··· 179

附录3　空白报表 ··· 235

参考文献 ·· 243

一、公司基本情况

（一）公司注册资料

公司注册名称：翔宇服装有限公司
公司注册地址、电话：江苏省淮安市经济开发区枚乘东路　0517-88880000
公司注册资本：人民币1 000万元整
公司法定代表人：李洪

（二）公司账户资料

1. 基本存款账户。
开户银行：中国建设银行开发区支行　账号：11115555777799990
2. 一般存款账户。
开户银行：中国建设银行清江浦支行　账号：11115555234534580
3. 银行预留印鉴。
财务专用章＋法人代表名章

（三）纳税登记资料

国家税务总局淮安市税务局，统一社会信用代码123200490347589325。

（四）公司工作组织

公司设置行政部、财务部、销售部和生产部四个部门。财务部岗位划分为会计主管、审核会计、成本会计和资金出纳四个工作岗位。各工作岗位的具体分工如下：
会计主管：负责领导和组织公司会计核算工作；建立账套、凭证的审核、过账及结账，网上电子支付业务的审核授权，虚拟网上报税、纳税筹划、报表编制及报表分析等；组织会计档案的整理和保管；组织财产清查等。
审核会计：负责票据审核，填制成本核算以外的原始凭证，编制成本业务以外的记账凭证，凭证审核，月末损益的结转，账簿核对，保管发票专用章及财务专用章等。
成本会计：负责产品成本核算，编制成本计算原始凭证，编制产品成本业务记账凭证，编制成本报表，进行成本分析等。
资金出纳：负责支票签发，银行承兑汇票贴现，单据整理，网上电子支付业务，保管库存现金、有价证券及法人代表名章；配合清查人员进行库存现金和银行存款清查等。

二、公司会计核算方法及财务管理制度

1. 公司财务报表以持续经营假设为基础,根据实际发生的交易和事项,按照财政部发布的《企业会计准则——基本准则》、2006年2月15日及其后颁布和修订的具体会计准则、企业会计准则应用指南、企业会计准则解释及其他相关规定(以下合称"企业会计准则")进行账务处理。公司以人民币为记账本位币(核算中金额计算保留至分位),记账文字为中文。会计核算采用科目汇总表账务处理程序。

2. 公司为增值税一般纳税人,销售商品增值税税率为13%;公司当期取得的增值税专用发票,按照现行增值税制度规定当期准予抵扣的,均已认证且于当期一次性抵扣。

公司地处淮安市区,公司适用的城市维护建设税税率为7%,教育费附加征收率为3%,地方教育附加征收率为2%。

公司按规定代扣代缴个人所得税。

公司适用的企业所得税税率为25%,假设这一税率适用于未来可预见的期间,公司不享受其他税收优惠政策。企业所得税的核算采用资产负债表债务法。企业所得税缴纳采用按季预缴、按年汇算清缴的方式。

本书不考虑上述税费以外的其他税费。

3. 公司原材料采用计划成本计价法组织日常核算,材料成本差异率为综合差异率,材料成本差异率计算保留百分号前2位小数;周转材料、库存商品采用实际成本计价法来组织日常核算,发出周转材料和库存商品采用全月一次加权平均法计价。

原材料入库业务,于月末根据"收料单"编制"收料凭证汇总表",并据以进行原材料入库业务的总分类核算。原材料发出业务,于月末根据"领料单"编制"发出材料汇总表"和"生产车间材料费用分配表",并据以进行原材料出库业务的总分类核算。

4. 坏账损失的核算。公司应收账款坏账准备采用余额百分比法估计,计提比例为5‰。其他的应收及预付款项不计提坏账准备。

5. 公司固定资产折旧和无形资产摊销采用年限平均法。固定资产折旧方法、折旧年限和无形资产摊销方法、摊销年限与税法规定一致。固定资产、无形资产预计净残值率和摊销年限,如表1所示。

表1　　　　　　固定资产、无形资产预计净残值率和摊销年限表

资产类别	折旧年限(年)	预计净残值率	年折旧率
房屋建筑物	20	4%	4.80%
生产设备	10	4%	9.60%
管理设备	8	4%	12.00%
土地使用权	30	0	3.33%

6. 公司按有关规定计算缴纳社会保险费和住房公积金。基本社会保险及住房公积金以上一年度职工月平均工资为计提基数，计提比例如下：基本养老保险为24%，其中，公司承担16%，个人承担8%；医疗保险为12%，其中，公司承担10%，个人承担2%，另每月个人需缴纳大额互助基金3元；失业保险为1%，其中，公司承担0.8%，个人承担0.2%；工伤保险为0.2%，全部由公司承担；生育保险为0.8%，全部由公司承担；住房公积金为24%，其中，公司承担12%，个人承担12%。

公司由个人承担的社会保险费和住房公积金在缴纳时直接从"应付职工薪酬——短期薪酬（工资）"明细账中冲销，不通过"其他应付款"账户进行核算；个人所得税由公司代扣代缴，通过"应交税费"账户进行核算。

7. 公司职工福利费和职工教育经费不预提，按实际发生金额列支；工会经费按应付职工薪酬总额的2%比例计提，工会经费按月划拨给工会专户。

8. 公司根据有关规定，每年按当年净利润（扣减以前年度未弥补亏损后）的10%计提法定盈余公积，不计提任意盈余公积。

9. 公司采用品种法计算产品成本，成本项目为直接材料、直接人工和制造费用。本月发生的直接材料费如属于多种产品共同耗用的材料，以各种产品材料定额消耗量为标准在各种产品之间进行分配，本月发生的直接人工费和制造费用按实际生产工时在各种产品之间进行分配。生产费用在月末在产品和完工产品之间的分配采用约当产量法，原材料在投产时一次投入，月末在产品的完工程度为50%。

10. 公司所在地具有活跃的房地产市场，房地产公允价值能够可靠计量，投资性房地产后续计量采用公允价值计量模式。

11. 计算过程中，无特殊说明金额均保留小数点后2位；涉及百分号的计算要保留百分号前2位小数。

12. 未列明的其他会计事项，按现行《企业会计准则》的相关规定处理。

[德技兼修]

财会人员应坚持实事求是

在财会工作中，财会人员要立足现实、夯实基础、遵守会计职业道德、实事求是。例如，会计凭证应该按规定填写，手续要齐全，要素要完备，经过审核才能入账。财会人员在工作中不乱用会计科目、不开空白支票，会计账簿设置完全，要按规定程序按时记账，不设账外账。会计报表应按规定编报，不能乱挤、乱提、乱摊、乱并成本费用。对企业发生的问题，财会人员要真正做到有喜报喜、有忧报忧，不能隐情不报，或避重就轻、大事化小、小事化了，更不能遇到问题绕道走，不敢批评和处理。财会人员要坚持一切从实际出发，做到讲实情、出实招、办实事、求实效。实事求是是财会工作的出发点和落脚点。

三、会计综合模拟实训业务资料

（一）期初资料

1. 翔宇服装有限公司 2022 年 11 月 30 日科目余额，如表 2 所示。

表 2　　　　　　　　　　　　　科目余额表

2022 年 11 月 30 日　　　　　　　　　　　　　　　　　金额单位：元

总账科目	二级科目	三级科目	借方余额	贷方余额
一、资产类				
库存现金			2 686.00	
银行存款	建行开发区支行		2 558 887.50	
	建行清江浦区支行		880 000.00	
其他货币资金	存出投资款		1 020 000.00	
应收票据	浙江恒泰贸易公司		400 000.00	
应收账款	远达商贸公司		320 000.00	
	云林百货公司		310 000.00	
	悦达百货公司		260 000.00	
预付账款	博雅纺织厂		150 000.00	
其他应收款	张强		2 800.00	
坏账准备	应收账款			4 450.00
原材料	全棉府绸		300 000.00	
	粘纤		324 000.00	
材料成本差异			2 496.00	
库存商品	西服（2 700 件）		648 000.00	
	衬衫（2 500 件）		312 000.00	
	西裤（2 500 件）		475 000.00	
周转材料	纸箱		5 400.00	
	塑料袋		3 800.00	
固定资产	房屋建筑物		20 000 000.00	
	生产设备		5 000 000.00	

(续表)

总账科目	二级科目	三级科目	借方余额	贷方余额
	管理设备		200 000.00	
累计折旧				5 840 000.00
无形资产	土地使用权		6 480 000.00	
累计摊销	土地使用权			864 000.00
长期股权投资	衣品电子商务有限公司	成本	400 000.00	
		损益调整	80 000.00	
递延所得税资产			1 112.50	
二、负债类				
应付账款	雅宝纺织厂			565 000.00
	莱蒂纺织厂			678 000.00
合同负债	晨宇贸易有限公司			200 000.00
应付职工薪酬	短期薪酬	工资		329 238.62
	短期薪酬	医疗保险		33 325.00
	短期薪酬	工伤保险		1 666.25
	短期薪酬	生育保险		2 666.00
	离职后福利	养老保险		66 650.00
	离职后福利	失业保险		3 332.50
	短期薪酬	住房公积金		39 990.00
	短期薪酬	工会经费		6 665.00
应交税费	应交增值税	进项税额		
	应交增值税	销项税额		
	应交增值税	转出未交增值税		
	应交个人所得税			47.88
	未交增值税			280 000.00
	应交城市维护建设税			19 600.00
	应交教育费附加			8 400.00
	应交地方教育附加			5 600.00
长期借款				800 000.00
三、所有者权益类				
实收资本				10 000 000.00
盈余公积	法定盈余公积			1 100 000.00
本年利润				8 908 870.08

(续表)

总账科目	二级科目	三级科目	借方余额	贷方余额
利润分配	未分配利润			10 897 244.18
四、成本类				
生产成本	西服	直接材料	121 165.73	
	西服	直接人工	56 321.34	
	西服	制造费用	2 738.28	
	西裤	直接材料	131 276.92	
	西裤	直接人工	48 908.17	
	西裤	制造费用	2 579.12	
	衬衫	直接材料	108 189.71	
	衬衫	直接人工	45 098.36	
	衬衫	制造费用	2 278.88	
合 计			40 654 738.51	40 654 738.51

2. 翔宇服装有限公司2022年1～11月份损益类账户发生额,如表3所示。

表3　　　　　　　　　2022年1～11月份损益类账户发生额

单位:元

账户名称	借方	贷方
主营业务收入		35 006 400.00
其他业务收入		205 480.00
营业外收入		62 056.00
主营业务成本	20 023 660.80	
其他业务成本	175 684.80	
税金及附加	336 172.29	
销售费用	1 654 552.24	
管理费用	3 388 314.94	
财务费用	707 784.85	
其中:手续费	548 231.97	
利息收入		4 927.12
利息支出	164 480.00	
营业外支出	78 896.00	

三、会计综合模拟实训业务资料

（二）主要经济业务

翔宇服装有限公司2022年12月份发生的主要经济业务如下：

【业务1】 2日，向银行申请办理银行汇票700 000元，如凭证1-1和凭证1-2所示。

凭证1-1

付款申请书

2022年12月02日

用途及情况	金额										收款单位(人)：雅宝纺织厂	
支付材料款	亿	千	百	十	万	千	百	十	元	角	分	账　号：99283573538304672
			￥	7	0	0	0	0	0	0	0	开 户 行：中国工商银行人民路支行
金额(大写)合计：	人民币柒拾万元整											结算方式：银行汇票
总经理	张浩	财务部门		经理		李清		业务部门		经理		高军
				会计		陈一明				经办人		朱少严

凭证1-2

中国建设银行结算业务申请书

申请日期 2022 年 12 月 02 日　　　　　　　　　　　　　　　　　　　AB48164750

业务类型：电汇□　　信汇□　　汇票申请书☑　　本票申请书□　　其他□

申请人	全　　称	翔宇服装有限公司	收款人	全　　称	雅宝纺织厂	第一联 此联银行作记账凭证
	账号或地址	111155557777999900		账号或地址	99283573538304672	
	开 户 银 行	中国建设银行开发区支行		开 户 银 行	中国工商银行人民路支行	
金额	人民币(大写)：柒拾万元整			亿 千 百 十 万 千 百 十 元 角 分 ￥ 7 0 0 0 0 0 0 0		
上列相关款项请从我账户内支付：（翔宇服装有限公司财务专用章）（李洪）申请人签章		支付密码	8 8 7 6 9 4 2 6 6 5 3 0 2 2 3 5			
		电汇时需选择 普通☑ 加急□	附加信息及用途：申请银行汇票采购材料			

会计主管：　　　　授权：　　　　复核：　　　　记账：

三、会计综合模拟实训业务资料

【业务 2】 5 日,用银行汇票采购材料,多余款已退回(运费已由销售方代付,并根据数量在各材料之间进行分配),如凭证 2-1 至凭证 2-4 所示。

凭证 2-1

0320056789
机器编号：499910936509

No 55669544 0320056789
55669544

开票日期：2022 年 12 月 05 日

购买方	名　　称：翔宇服装有限公司 纳税人识别号：123200490347589325 地　址、电　话：淮安市经济开发区枚乘东路 0517-88880000 开户行及账号：中国建设银行开发区支行 11115555777799990	密码区	036896＞3＞2＜726937－8＞1＊23686 654＊31／－＋752947＞＞／＊6＋＞－865323 8903676＞3＞2＜9752737＊84＋89＞097 4／737－＋＊926195＊1107／／48＋9－22

货物或应税劳务、服务名称	规格型号	单位	数量	单价	金额	税率	税额
全棉府绸		匹	480	540.00	259200.00	13%	33696.00
粘纤		匹	450	660.00	297000.00	13%	38610.00
合　计					¥556200.00		¥72306.00
价税合计(大写)	⊗陆拾贰万捌仟伍佰零陆元整				(小写) ¥628506.00		

销售方	名　　称：雅宝纺织厂 纳税人识别号：123200398598398906 地　址、电　话：南通市永北大街 0513-78367884 开户行及账号：中国工商银行人民路支行 99283573538304672	备注	雅宝纺织 123200398598398906 发票专用章

收款人：　　　　　复核：　　　　　开票人：韩锋　　　　　销售方：(章)

第三联：发票联　购买方记账凭证

三、会计综合模拟实训业务资料

凭证 2-2

No 86669542 0320056843
86669542

开票日期：2022 年 12 月 05 日

| 购买方 | 名称：翔宇服装有限公司
纳税人识别号：123200490347589325
地址、电话：淮安市经济开发区枚乘东路 0517-88880000
开户行及账号：中国建设银行开发区支行 11115555777799990 | 密码区 | 056896＞3＞2＜726937－8＞1＊23686
654＊31／－＋752947＞＞／＊6＋＞－865323
8903676＞3＞2＜9752737＊84＋89＞097
4/737－＋＊926195＊1107//48＋9－22 |

货物或应税劳务、服务名称	规格型号	单位	数量	单价	金额	税率	税额
＊运输服务＊运费		次	1	1860.00	1860.00	9%	167.40
合　计					¥1860.00		¥167.40

| 价税合计（大写） | ⊗贰仟零贰拾柒元肆角整 | （小写）¥2027.40 |

| 销售方 | 名称：南通市通达运输有限公司
纳税人识别号：523204762597465489
地址、电话：南通市崇川区濠北路 50 号 0513-83781348
开户行及账号：中国建设银行濠北路支行 57876586557821211 | 备注 | （南通市通达运输有限公司
523204762597465489
发票专用章） |

收款人：　　　　　复核：　　　　　开票人：陈可　　　　　销售方：（章）

第三联：发票联　购买方记账凭证

凭证 2-3

收　料　单

供应单位：雅宝纺织厂　　　　2022 年 12 月 05 日
发票号：No.55669544　　　　　　　　　　　　　　　　　　编号：202232

类别	材料名称	规格材质	计量单位	数量		实际成本			
				应收	实收	单价	发票价格	运杂费	合计
	全棉府绸		匹	480	480				
	粘纤		匹	450	450				

备注：

收料人：陈英　　　　　　　　　　　　　　交料人：李玉

凭证2-4

| 付款期限 壹个月 | 中国建设银行 银行汇票（多余收款通知） | 编号:10538316 |

第012号

出票日期　贰仟零贰拾贰年壹拾贰月伍日（大写）	代理付款行:中国工商银行人民路支行 行号:2232
收款人:雅宝纺织厂	账号:99283573538304672
出票金额:人民币(大写)柒拾万元整	￥700 000.00
实际结算金额人民币(大写)陆拾叁万零伍佰叁拾叁元肆角整	千百十万千百十元角分 ￥6 3 0 5 3 3 4 0

（中国建设银行 经济开发区支行 2022.12.05 转讫）

申请人:翔宇服装有限公司　　　　　　账号或地址:11115555777799990
出票人:中国建设银行开发区支行　行号:1054

| 多余金额 | 左列退回多余金额已收入你账户内。 |
| 百十万千百十元角分 ￥6 9 4 6 6 6 0 | |

2022 年 12 月 05 日

【业务3】　8日，向晨宇贸易有限公司销售商品，上月已预收200 000元，如凭证3-1至凭证3-4所示。

凭证3-1

购销合同

购方:晨宇贸易有限公司　　　　　　　　　　合同编号:20221011
销方:翔宇服装有限公司　　　　　　　　　　签订时间:2022 年 11 月 08 日

供需双方本署利互惠、长期合作的原则，根据《中华人民共和国民法典》合同编及双方的实际情况，就需方向供方采购事宜，订立本合同，以使双方在合同履行中共同遵守。

一、产品名称、数量、单价、金额:

产品名称	计量单位	数量	单价(元)	金额(元)	备注
西服	件	1 500	598.00	897 000.00	
衬衫	件	1 400	418.00	585 200.00	
西裤	件	800	298.00	238 400.00	
合计				￥1 720 600.00	
合计人民币(大写):壹佰柒拾贰万零陆佰元整					

二、质量要求:产品符合国家同类标准并满足需方要求。
三、交(提)货地点、方式:南京市新街口 28 号。

三、会计综合模拟实训业务资料

四、付款时间与付款方式：购方需预付 200 000 元货款，交货后 30 日内结清货款，购方于 3 个月内有权退货。

五、运输方式及到站、港和费用负担：由购买方承担。

六、合理损耗及计算方法：以实际数量验收。

七、包装标准、包装物的供应与回收：普通包装，不回收包装物。

八、验收标准及方法：货到后需方进行验收并提出质量异议，不包括运输过程中造成的质量问题。

九、违约责任：按《中华人民共和国民法典》合同编。

十、解决合同纠纷的方式：双方协商解决。

十一、其他约定事项：本合同一式两份，需、供双方各一份，经双方盖章后即生效。

购方（盖章）：晨宇贸易有限公司	销方（盖章）：翔宇服装有限公司
单 位 地 址：南京市新街口 28 号	单 位 地 址：淮安市经济开发区枚乘东路
电　　　话：025-83789658	电　　　话：0517-88880000
签 订 日 期：2022 年 12 月 08 日	签 订 日 期：2022 年 12 月 08 日
开 户 银 行：中国工商银行湖南路支行	开 户 银 行：中国建设银行开发区支行
账　　　号：99283833538307202	账　　　号：11115555777799990

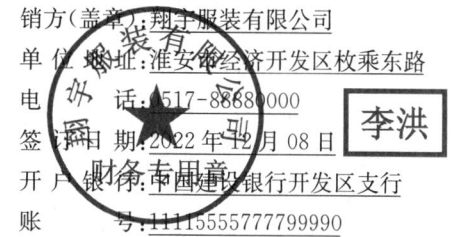

凭证 3-2

 0923357357345

江苏增值税专用发票　　No 29997875　0923357357345

此联不做报销抵税凭证使用

机器编号：93475737593233

29997875

开票日期：2022 年 12 月 08 日

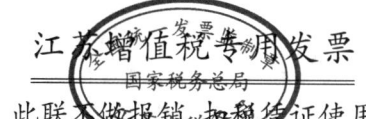

购买方	名　　称：晨宇贸易有限公司 纳税人识别号：913398736282353269 地　址、电　话：南京市新街口 28 号 025-83789658 开户行及账号：中国工商银行湖南路支行 99283833538307202	密码区	9368262＞8＞7＜638769＝96958＞1＊3575372 ＝6874846／－82768438＞＞／＊597959＋＞－795959 59595＞5979595975＋89＞＝－0957943 ／89597－＋637328－5373870／563784－＝75373

货物或应税劳务、服务名称	规格型号	单位	数量	单价	金额	税率	税额
西服		件	1500	598.00	897000.00	13%	116610.00
衬衫		件	1400	418.00	585200.00	13%	76076.00
西裤		件	800	298.00	238400.00	13%	30992.00
合　计					¥1720600.00		¥223678.00
价税合计（大写）	⊗壹佰玖拾肆万肆仟贰佰柒拾捌元整				（小写）¥1944278.00		

销售方	名　　称：翔宇服装有限公司 纳税人识别号：123200490347589325 地　址、电　话：淮安市经济开发区枚乘东路 0517-88880000 开户行及账号：中国建设银行开发区支行 11115555777799990	备注	

收款人：　　　复核：　　　开票人：郭超　　　销售方：（章）

第一联：记账联　销售方记账凭证

凭证 3-3

销 售 单

购货单位：晨宇贸易有限公司　　　地址和电话：南京市新街口 28 号 025-83789658　　　单据编号：XS3002
纳税人识别号：913398736282353　　开户行及账号：中国工商银行湖南路支行 99283833538307202
　　　　　　　　　　　　　　　　　　　　　　　　　　　　　　　　　　　　　制单编号：2022 年 12 月 08 日

编码	产品名称	规格	单位	单价(元)	数量	金额(元)	备注
C01	西服		件	598.00	1 500	897 000.00	不含税
C02	衬衫		件	418.00	1 400	585 200.00	
C03	西裤		件	298.00	800	238 400.00	
合计	人民币(大写)壹佰柒拾贰万零陆佰元整					￥1 720 600.00	

销售经理：王芳　　　经手人：陆佳佳　　　会计：陈晨　　　签收人：林琳

凭证 3-4

中国建设银行客户专用回单

币别：人民币　　　　　2022 年 12 月 08 日　　　　　流水号：E20000001256

付款人	全　称	晨宇贸易有限公司	收款人	全　称	翔宇服装有限公司
	账　号	99283833538307202		账　号	11115555777799990
	开户银行	中国工商银行湖南路支行		开户银行	中国建设银行开发区支行
金额	(大写)人民币壹佰柒拾肆万肆仟贰佰柒拾捌元整			(小写)￥1 744 278.00	
凭证种类			凭证号码		
结算方式	转账		用途	销售商品	
打印柜员：A023 打印机构：0101239908 打印卡号：11115555777799990				中国建设银行 电子回单 专用章	

打印时间：20221208　　　交易柜员：A038　　　交易机构：0101239908

三、会计综合模拟实训业务资料

【业务4】 8日，行政部报销业务招待费1 500元，如凭证4-1和凭证4-2所示。

凭证4-1

 0320056789

No 55669302 0320056789
55669302

机器编号：499910966893

开票日期：2022年12月08日

购买方	名　　称：翔宇服装有限公司 纳税人识别号：123200490347589325 地　址、电话：淮安市经济开发区枚乘东路 0517-88880000 开户行及账号：中国建设银行开发区支行 11115555777799990	密码区	036896＞3＞2＜726937-8＞1＊23686 654＊31／-＋752947＞＞／＊6+＞-865323 8903676＞3＞2＜9752737＊84+89＞097 4／737-＋＊926195＊1107／／48+9-56

货物或应税劳务、服务名称	规格型号	单位	数量	单价	金额	税率	税额
＊餐饮服务＊餐费		次	1	1415.09	1415.09	6％	84.91
合　　计					￥1415.09		￥84.91

价税合计（大写）	⊗壹仟伍佰元整		（小写）￥1500.00

销售方	名　　称：曙光国际酒店 纳税人识别号：238703985981235788 地　址、电话：淮安市淮海南路118号 0517-88367852 开户行及账号：江苏银行新民东路支行 83216795381719	备注	（曙光国际酒店 238703985981235788 发票专用章）

收款人： 　　　　复核： 　　　　开票人：童娟 　　　　销售方：（章）

第二联：发票联 购买方记账凭证

凭证4-2

中国建设银行客户专用回单

币别：人民币　　　　2022年12月08日　　　　流水号：E20000001260

付款人	全　　称	翔宇服装有限公司	收款人	全　　称	曙光国际酒店
	账　　号	11115555777799990		账　　号	83216795381719
	开户银行	中国建设银行开发区支行		开户银行	江苏银行新民东路支行

金额	（大写）人民币壹仟伍佰元整	（小写）￥1 500.00

凭证种类		凭证号码	
结算方式	转账	用途	支付业务招待费

打印柜员：A023
打印机构：0101239908
打印卡号：11115555777799990

（中国建设银行 电子回单专用章）

打印时间：20221208　　　　交易柜员：A038　　　　交易机构：0101239908

三、会计综合模拟实训业务资料

【业务 5】 9日,销售部张强报销差旅费,如凭证 5-1 至凭证 5-6 所示。

凭证 5-1

差旅费报销单

2022 年 12 月 09 日　　　　　　　　　　单据及附件共 5 张

所属部门				采购部	姓名	张强	出差事由	业务洽谈
出发		到达		起止地址	交通费	住宿费	伙食费	其他
月	日	月	日					
12	06	12	06	淮安—成都	680.00	318.00	200.00	
12	07	12	07	成都—淮安	680.00			
合计				大写金额:壹仟捌佰柒拾捌元整	预支旅费	¥2 800.00	退回金额	¥922.00
							补付金额	

总经理:李洪　　财务经理:李清　　会计:陈一明　　出纳:周鑫　　部门经理:高军　　报销人:张强

凭证 5-2

航空运输电子客票行程单　　　　　　　　　　　　　　　　编号:487014594

Air transport e-ticket itinerary

旅客姓名 Passenger name 张强	有效身份证件号码 320882199009223082		签注: 不得签转					
	承运人	航班号	座位等级	日期	时间	客票级别	客票生效日期	有效截止日期	免费行李
自淮安 至成都 至		MU2017	B	12.06	10:10	Y			20KG
	票价 CNY510.00	机场建设费 CNY50.00	燃油附加费 CNY120.00	其他税费		合计 CNY680.00		
电子客票号码 30275965478999	验证码 0192		提示信息		保险费			
销售单位代码 578996567881	填开单位淮安涟水国际机场		填开日期 2022-12-06					

三、会计综合模拟实训业务资料

凭证 5-3

航空运输电子客票行程单
Air transport e-ticket itinerary

编号：487014572

旅客姓名 Passenger name 张强	有效身份证件号码 320882199009223082			签注： 不得签转			
	承运人	航班号	座位等级	日期	时间	客票级别	客票生效日期	有效截止日期	免费行李
自淮安 至成都 至		MU2017	B	12.07	16:40	Y			20KG
	票价 CNY510.00	机场建设费 CNY50.00		燃油附加费 CNY120.00	其他税费		合计 CNY680.00
电子客票号码 62275965467542	验证码 0138			提示信息		保险费	
销售单位代码 638996567854	填开单位 成都双流国际机场				填开日期 2022-12-07		

凭证 5-4

0320056545

四川增值税专用发票

No 76469542 0320056545
76469542

机器编号：499910936208

开票日期：2022 年 12 月 07 日

购买方	名　　称：翔宇服装有限公司 纳税人识别号：123200490347589325 地　址、电　话：淮安市经济开发区枚乘东路 0517-88880000 开户行及账号：中国建设银行开发区支行 11115555777799990	密码区	036896＞3＞2＜726937－8＞1＊23686 654＊31／－＋752947＞＞／＋6＋＞－865323 8903676＞3＞2＜9752737＊84＋89＞097 4／737－＋＊926195＊1107／／48＋9－57
货物或应税劳务、服务名称	规格型号	单位	数量	单价	金额	税率	税额
＊住宿服务＊住宿费		天	1	300.00	300.00	6％	18.00
合　计					¥300.00		¥18.00
价税合计（大写）	⊗叁佰壹拾捌元整				（小写）¥318.00		
销售方	名　　称：成都全季酒店 纳税人识别号：524533668066435336 地　址、电　话：成都市青羊区清江东路 186 号 028-67672888 开户行及账号：中国建设银行草堂北路支行 4786152386982321	备注	

收款人：　　　　　复核：　　　　　开票人：张曼　　　　　销售方：（章）

第三联：发票联　购买方记账凭证

三、会计综合模拟实训业务资料

凭证5-5

0392056789
机器编号：869910966893

四川增值税普通发票
国家税务总局

No 53669343 0392056789
53669343

开票日期：2022年12月07日

购买方	名　　称：翔宇服装有限公司 纳税人识别号：123200490347589325 地　址、电　话：淮安市经济开发区枚乘东路 0517-88880000 开户行及账号：中国建设银行开发区支行 11115555777799990	密码区	036896>3>2<726937-8>1*23686 654*31/-+752947>>/*6+>-865323 8903676>3>2<9752737*84+89>097 4/737-+*926195*1107//48+9-22

货物或应税劳务、服务名称	规格型号	单位	数量	单价	金额	税率	税额
*餐饮服务*餐费		次	1	200.00	188.68	6%	11.32
合　计					￥188.68		￥11.32

价税合计(大写)	⊗贰佰元整	(小写) ￥200.00

销售方	名　　称：成都蜀香餐饮有限公司 纳税人识别号：328986185981232269 地　址、电　话：成都市向海路59号 028-67453028 开户行及账号：中国农业银行向海路支行 4523782364934682	备注	成都蜀香餐饮有限公司 328986185981232269 发票专用章

收款人：　　　　复核：　　　　开票人：王东　　　　销售方：(章)

第二联：发票联 购买方记账凭证

凭证5-6

收款收据

2022年12月09日　　　　　　　　　　No.68929301

今收到张强
交来：退还差旅费借款
金额(大写)　零佰零拾零万零仟玖佰贰拾贰元零角零分
￥922.00　☑现金　□转账支票　□其他

现金收讫

收款
单位(盖章)

第三联 交财务

核准　　　会计　　　记账　　　出纳　　　经手人

【业务6】 11日,收到茂华百货预付货款 350 000 元,如凭证 6-1 和凭证 6-2 所示。

凭证 6-1

购销合同

购方:<u>茂华百货</u>　　　　　　　　　　　　　合同编号:<u>20221012</u>
销方:<u>翔宇服装有限公司</u>　　　　　　　　　签订时间:<u>2022 年 12 月 11 日</u>

供需双方本署利互惠、长期合作的原则,根据《中华人民共和国民法典》合同编及双方的实际情况,就需方向供方采购事宜,订立本合同,以使双方在合同履行中共同遵守。

一、产品名称、数量、单价、金额:

产品名称	规格型号	计量单位	数量	单价(元)	金额(元)	备注
西服	店铺销售	件	700	598.00	418 600.00	不含税
合计					¥418 600.00	
	合计人民币(大写):肆拾壹万捌仟陆佰元整					

二、质量要求:产品符合国家同类标准并满足需方要求。
三、交(提)货地点、方式:苏州市西环路 9 号。
四、付款时间与付款方式:合同签订当日支付¥350 000.00 元货款(不含税销售额),余款于 2023 年 04 月 15 日交货后支付,合同不可撤销。
五、运输方式及到站、港和费用负担:由购买方承担。
六、合理损耗及计算方法:以实际数量验收。
七、包装标准、包装物的供应与回收:普通包装,不回收包装物。
八、验收标准及方法:货到后需方进行验收并提出质量异议,不包括运输过程中造成的质量问题。
九、违约责任:按《中华人民共和国民法典》合同编。
十、解决合同纠纷的方式:双方协商解决。
十一、其他约定事项:本合同一式两份,需、供双方各一份,经双方盖章后即生效。

购方(盖章):<u>茂华百货</u>　　　　　　　　　销方(盖章):<u>翔宇服装有限公司</u>
单 位 地 址:<u>苏州市西环路 9 号</u>　　　　　单 位 地 址:<u>淮安市经济开发区枚乘东路</u>
电　　　话:<u>0512-86675569</u>　　　　　　电　　　话:<u>0517-86830000</u>
签 订 日 期:<u>2022 年 12 月 11 日</u>　　　　签 订 日 期:<u>2022 年 12 月 11 日</u>
开 户 银 行:<u>中国建设银行西环路支行</u>　　开 户 银 行:<u>中国建设银行开发区支行</u>
账　　　号:<u>22097798367764521</u>　　　　账　　　号:<u>11115555777799990</u>

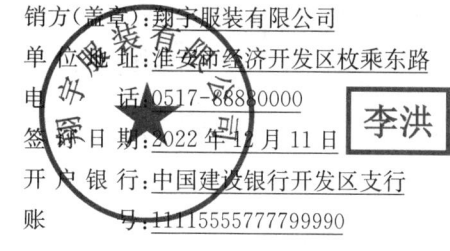

凭证6-2

中国建设银行客户专用回单

币别：人民币　　　　　2022年12月11日　　　　　流水号：E20000001266

付款人	全　称	茂华百货	收款人	全　称	翔宇服装有限公司
	账　号	22097798367764521		账　号	11115555777799990
	开户银行	中国建设银行西环路支行		开户银行	中国建设银行开发区支行
金额	(大写)人民币叁拾伍万元整				(小写)¥350 000.00
凭证种类			凭证号码		
结算方式	转账		用途		收到预付款
	打印柜员：A025 打印机构：0101239908 打印卡号：11115555777799990				（中国建设银行 电子回单专用章）

打印时间：20221211　　　交易柜员：A025　　　交易机构：0101239908

【业务7】12日，收到远达商贸、云林百货前欠货款，如凭证7-1和凭证7-2所示。

凭证7-1

中国建设银行客户专用回单

币别：人民币　　　　　2022年12月12日　　　　　流水号：E20000001269

付款人	全　称	远达商贸	收款人	全　称	翔宇服装有限公司
	账　号	98773618367763452		账　号	11115555777799990
	开户银行	中国银行西环龙都路支行		开户银行	中国建设银行开发区支行
金额	(大写)人民币叁拾贰万元整				(小写)¥320 000.00
凭证种类			凭证号码		
结算方式	转账		用途		收到前欠货款
	打印柜员：A025 打印机构：0101239908 打印卡号：11115555777799990				（中国建设银行 电子回单专用章）

打印时间：20221212　　　交易柜员：A025　　　交易机构：0101239908

凭证7-2

中国建设银行客户专用回单

币别：人民币　　　　　　　　2022年12月12日　　　　　　　　流水号：E20000001270

付款人	全　称	云林百货	收款人	全　称	翔宇服装有限公司
	账　号	98776773298364522		账　号	11115555777799990
	开户银行	中国建设银行金辉路支行		开户银行	中国建设银行开发区支行
金额	（大写)人民币叁拾壹万元整			（小写）¥310 000.00	
凭证种类			凭证号码		
结算方式	转账		用途	收到前欠货款	
打印柜员：A025 打印机构：0101239908 打印卡号：11115555777799990			（中国建设银行电子回单专用章）		

打印时间：20221212　　　　交易柜员：A025　　　　交易机构：0101239908

【业务8】　12日，采购原材料（上月已预付150 000元），如凭证8-1至凭证8-4所示。

凭证8-1

付款申请书

2022年12月12日

用途及情况	金额									收款单位(人)：博雅纺织厂	
支付材料款	亿	千	百	十	万	千	百	十	元	角	分
				¥	2	4	1	8	8	4	0	0
金额(大写)合计	贰拾肆万壹仟捌佰捌拾肆元整									结算方式：转账	
总经理	张浩	财务部门	经理	李清	业务部门	经理	高军				
			会计	陈一明		经办人	朱少严				

三、会计综合模拟实训业务资料

凭证8-2

No 53669369 0392056756
53669369

机器编号：869910966893

开票日期：2022年12月12日

购买方	名称：翔宇服装有限公司 纳税人识别号：123200490347589325 地址、电话：淮安市经济开发区枚乘东路 0517-88880000 开户行及账号：中国建设银行开发区支行 11115555777799990	密码区	036896＞3＞2＜726937－8＞1＊23686 654＊31／－＋752947＞＞／＊6＋＞－865323 8903676＞3＞2＜9752737＊84＋89＞097 4／737－＋＊926195＊1107／／48＋9－67

货物或应税劳务、服务名称	规格型号	单位	数量	单价	金额	税率	税额
全棉府绸		匹	300	540.00	162000.00	13%	21060.00
粘纤		匹	280	660.00	184800.00	13%	24024.00
合　计					￥346800.00		￥45084.00

价税合计（大写）	⊗叁拾玖万壹仟捌佰捌拾肆元整	（小写）￥391884.00

销售方	名称：博雅纺织厂 纳税人识别号：91320600595629296G 地址、电话：南通市港闸区幸余路 0513-8355681 开户行及账号：招商银行南通分行营业部 66986774906071212	备注	博雅纺织 91320600595629296G 发票专用章

收款人：　　　　　复核：　　　　　开票人：陈鑫　　　　　销售方：（章）

凭证8-3

收　料　单

供应单位：博雅纺织　　　　2022年12月12日

发票号：No.53669369　　　　　　　　　　　　　　　　　　编号：202233

类别	材料名称	规格材质	计量单位	数量		实际成本（元）			
				应收	实收	单价	发票价格	运杂费	合计
	全棉府绸		匹	300	300	540.00	162 000.00		162 000.00
	粘纤		匹	280	280	660.00	184 800.00		184 800.00
备注：									

收料人：陈英　　　　　　　　　　　　　　　　交料人：张彤

凭证8-4

中国建设银行客户专用回单

币别：人民币　　　　　　　　2022年12月12日　　　　　　流水号：E20000001273

付款人	全称	翔宇服装有限公司	收款人	全称	博雅纺织厂
	账号	11115555777799990		账号	66986774906071212
	开户银行	中国建设银行开发区支行		开户银行	招商银行南通分行营业部
金额	（大写）人民币贰拾肆万壹仟捌佰捌拾肆元整			（小写）¥241 884.00	
凭证种类			凭证号码		
结算方式	转账		用途	购买原材料	

打印柜员：A026

打印机构：0101239908

打印卡号：11115555777799990

（中国建设银行 电子回单专用章）

打印时间：20221212　　　交易柜员：A026　　　交易机构：0101239908

【业务9】　13日，购入办公用品并领用，如凭证9-1至凭证9-3所示。

凭证9-1

 0392056842

机器编号：869910966893

No 53669483　0392056842

53669483

开票日期：2022年12月13日

购买方	名称	翔宇服装有限公司	密码区	036896＞3＞2＜7269371＊23686
	纳税人识别号：	123200490347589325		654＊31／－＋752947＞／＊6＋＞－865323
	地址、电话：	淮安市经济开发区枚乘东路 0517-88880000		8903676＞3＞2＜9752737＊84＋89＞097
	开户行及账号：	中国建设银行开发区支行 11115555777799990		4/737－＋＊926195＋3465＋476

货物或应税劳务、服务名称	规格型号	单位	数量	单价	金额	税率	税额
硒鼓		个	4	86.00	344.00	13％	44.72
打印纸		箱	14	95.00	1330.00	13％	172.90
合　计					¥1674.00		¥217.62

价税合计（大写）　⊗壹仟捌佰玖拾壹元陆角贰分　　　　　　（小写）¥1891.62

销售方	名称	淮安文登办公用品有限公司	备注	（淮安文登办公用品有限公司 427935279741862689 发票专用章）
	纳税人识别号：	427935279741862689		
	地址、电话：	淮安市淮安区附小学校旁 0517-83667852		
	开户行及账号：	中国农业银行镇淮楼分行 4452245648943252		

收款人：　　　复核：　　　开票人：陈鑫　　　销售方：（章）

凭证 9-2

中国建设银行客户专用回单

币别：人民币　　　　　　　　2022 年 12 月 13 日　　　　　　　流水号：E20000001280

付款人	全称	翔宇服装有限公司	收款人	全称	淮安文登办公用品有限公司
	账号	11115555777799990		账号	4452245648943252
	开户银行	中国建设银行开发区支行		开户银行	中国农业银行镇淮楼分行
金额	（大写）人民币壹仟捌佰玖拾壹元陆角贰分			（小写）¥1 891.62	
凭证种类			凭证号码		
结算方式	转账		用途	购买办公用品	

打印柜员 A026
打印机构：0101239908
打印卡号：11115555777799990

（中国建设银行 电子回单专用章）

打印时间：20221213　　　　交易柜员：A026　　　　　交易机构：0101239908

凭证 9-3

办公用品领用明细表

领用部门	办公用品	单位	数量	单价（元）	金额（元）
生产部	硒鼓	个	1	86.00	86.00
	打印纸	箱	2	95.00	190.00
行政部	硒鼓	个	1	86.00	86.00
	打印纸	箱	3	95.00	285.00
财务部	硒鼓	个	1	86.00	86.00
	打印纸	箱	4	95.00	380.00
销售部	硒鼓	个	1	86.00	86.00
	打印纸	箱	5	95.00	475.00

三、会计综合模拟实训业务资料

【业务10】 13日,以证券资金账户款项从二级市场购入股票,将其划分为交易性金融资产,如凭证10-1和凭证10-2所示。

凭证10-1

江苏华泰证券股份有限公司对账单

客户编号:020115432	姓名:翔宇服装有限公司		对账日期:2022.12.13
币种	资金余额	可用金额	可取现金	资产总值
人民币	100 000.00	100 000.00	100 000.00	500 000.00

流水明细:

日期	币种	业务标志	证券名称	证券代码	发生数量(股)	成交均价	佣金	印花税	其他费	收付金额	资金余额	备注
2022.12.13	人民币	股票买入	瑞扬股份	501467	40 000	9.50			1 007.00	-381 007.00	100 000.00	进项税额57元
附:											100 000.00	

凭证10-2

 0320056532

机器编号:4999109365342

江苏增值税专用发票

No 55669544 0320056532
55669544

开票日期:2022年12月13日

购买方	名　　称:翔宇服装有限公司 纳税人识别号:123200490347589325 地　址、电话:淮安市经济开发区枚乘东路 0517-88880000 开户行及账号:中国建设银行开发区支行 111115555777799990	密码区	053296>3>2<726937-8>1*23686 654*31/- +752947>>/*6+>-865323 8903676>3>2<9752737*84+89>097 4/737-+*926195*1107//48+9-22
货物或应税劳务、服务名称	规格型号	单位	数量	单价	金额	税率	税额
手续费					950.00	6%	57.00
合　计					¥950.00		¥57.00
价税合计(大写)	⊗壹仟零柒元整				(小写)¥1007.00		
销售方	名　　称:江苏华泰证券股份有限公司 纳税人识别号:143534768423216258 地　址、电话:南京市江宁区软件大道 025-86453142 开户行及账号:中国工商银行软件大道支行 6543687957623132	备注	江苏华泰证券股份有限公司 143534768423216258 发票专用章

收款人:　　　　复核:　　　　开票人:王晗　　　　销售方:(章)

第三联:发票联 购买方记账凭证

三、会计综合模拟实训业务资料

【业务 11】 15 日,处置固定资产,收到销售款。该机器设备为 2018 年 12 月购入,其进项税额已于当年抵扣,如凭证 11-1 至凭证 11-3 所示。

凭证 11-1

处 置 单

存放地点:生产车间
使用部门:生产车间　　　　　　　2022 年 12 月 15 日　　　　　　　金额单位:元

固定资产编号	固定资产名称	规格型号	购置时间	数量(台)	购置金额	计提折旧额	资产净值	备注
M122	织布机		2018.12	1	200 000.00	76 800.00	123 200.00	
处置形式	□报废 □损毁 ☑出售 □其他			其他事项说明				
处置原因	生产不需要,所以将其出售。							

凭证 11-2

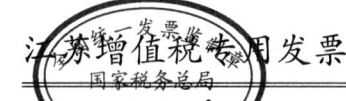

江苏增值税专用发票　　　№ 29997877　0923357357579

0923357357579
机器编号:93475737593579　　　此联不做报销扣税凭证使用　　　29997877

开票日期:2022 年 12 月 15 日

购买方	名　　称:淮安工业装置有限公司 纳税人识别号:764563549534543677 地　址、电话:淮安市清江浦区北京北路 160 号 0517-83645582 开户行及账号:江苏农村商业银行北京路支行 97857655678825					密码区	9368262＞8＞7＜638769＝96958＞1＊3575372 ＝6874846/－82768438＞＞/＊597959＋＞－795959 59595＞5979595975＋89＞＝－0957943 /89597－＋637328－5373870/563784－＝75383		第一联:记账联 销售方记账凭证
	货物或应税劳务、服务名称	规格型号	单位	数量	单价	金额	税率	税额	
	织布机		台	1	160000.00	160000.00	13％	20800.00	
	合　计					¥160000.00		¥20800.00	
	价税合计(大写)	⊗壹拾捌万零捌佰元整					(小写)¥180800.00		
销售方	名　　称:翔宇服装有限公司 纳税人识别号:123200490347589325 地　址、电话:淮安市经济开发区枚乘东路 0517-88880000 开户行及账号:江苏农村商业银行北京路支行 11115555777799990					备注			

收款人:　　　　　复核:　　　　　开票人:郭超　　　　　销售方:(章)

凭证11-3

中国建设银行 进账单 （收账通知） 3

2022年12月15日

出票人	全称	淮安工业装置有限公司	收款人	全称	翔宇服装有限公司
	账号	97857655678825		账号	11115555777799990
	开户银行	江苏农村商业银行北京北路支行		开户银行	建行经济开发区支行
金额	人民币壹拾捌万零捌佰元整		千百十万千百十元角分 ¥ 1 8 0 8 0 0 0 0		
票据种类					
票据张数					
单位主管　会计　复核　记账			中国建设银行 经济开发区支行 2022-12-15 收款人开户银行盖章 转讫		

此联是收款人开户银行交给收款人的收账通知

【业务12】 15日，支付固定资产清理费用，如凭证12-1和凭证12-2所示。

凭证12-1

报 销 单

填报日期：2022年12月15日　　　　　　　　单据及附件共1张

姓名	王成	所属部门	生产车间	报销形式	现金
				支票号码	
报销项目		摘要		金额	备注
处置费用		支付固定资产清理费用		530.00	
合　计		现金付讫		¥530.00	
金额大写：伍佰叁拾元整		原借款：¥0		应退（补）款：¥530.00	
总经理：李洪　　财务经理：李清　　部门经理：张东　　会计：陈一明　　报销人：王成					

三、会计综合模拟实训业务资料

凭证 12-2

江苏增值税专用发票

No 53669665 0392056920
53669665

0392056920
机器编号：869910966345

开票日期：2022 年 12 月 15 日

购买方	名称：翔宇服装有限公司 纳税人识别号：123200490347589325 地址、电话：淮安市经济开发区枚乘东路 0517-88880000 开户行及账号：中国建设银行开发区支行 111115555777799990	密码区	036896＞3＞2＜726937－8＞1＊23686 654＊31/－＋752947＞＞/＊6＋＞－865323 8903676＞3＞2＜9752737＊84＋89＞097 4/737－＋＊926195＊1107//48＋9－22

货物或应税劳务、服务名称	规格型号	单位	数量	单价	金额	税率	税额
装卸费		次	1	500.00	500.00	6%	30.00
合　计					￥500.00		￥30.00

价税合计（大写）	⊗伍佰叁拾元整	（小写）￥530.00

销售方	名称：淮安信达运输有限公司 纳税人识别号：472329594037536922 地址、电话：淮安市淮阴区物流园 0517-85786590 开户行及账号：中国工商银行清江支行 970543978245783	备注	淮安信达运输有限公司 472329594037536922 发票专用章

收款人：　　　　复核：　　　　开票人：陈鑫　　　　销售方：（章）

第三联：发票联 购买方记账凭证

【业务 13】 结转固定资产清理损益，如凭证 13-1 所示。

凭证 13-1

固定资产清理损益计算表

2022 年 12 月 15 日　　　　　　　　　　　　　　　　　　　　　　单位：元

固定资产名称	织布机		转入处置日期	2022 年 12 月 15 日			
固定资产原值	已提折旧	已提减值准备	固定资产净值	固定资产转让收益	固定资产清理费用	固定资产转让损益
200 000.00	76 800.00	0	123 200.00	160 000.00	500.00	36 300.00

【业务14】 15日,缴纳各项税费,如凭证14-1至凭证14-3所示。

凭证14-1

中国建设银行电子缴税付款凭证

转账日期:2022年12月15日　　　　　　　　凭证编号:2867522

纳税人全称及纳税人识别号:翔宇服装有限公司 123200490347589
付款人全称:翔宇服装有限公司
付款人账号:11115555777799990　　征收机关名称:淮安市税务局
付款人开户银行:中国建设银行开发区支行　　收款国库(银行)名称:淮安市财政国库支付中心
小写(合计)金额:¥280 000.00　　　　缴款书交易流水号:2022121105473232
大写(合计)金额:贰拾捌万元整　　　　税票号码 6543423

税(费)种名称	所属日期	实缴金额
增值税	20221101—20221130	280 000.00

打印时间:2022年12月15日

会计流水号　　　　　复核　　　　　记账

凭证14-2

中国建设银行电子缴税付款凭证

转账日期:2022年12月15日　　　　　　　　凭证编号:2867523

纳税人全称及纳税人识别号:翔宇服装有限公司 123200490347589
付款人全称:翔宇服装有限公司
付款人账号:11115555777799990　　征收机关名称:淮安市税务局
付款人开户银行:中国建设银行开发区支行　　收款国库(银行)名称:淮安市财政国库支付中心
小写(合计)金额:¥33 600.00　　　　缴款书交易流水号:2022121108753353
大写(合计)金额:叁万叁仟陆佰元整　　　税票号码:8543276

税(费)种名称	所属日期	实缴金额
城市维护建设税	20221101—20221130	19 600.00
教育费附加	20221101—20221130	8 400.00
地方教育附加	20221101—20221130	5 600.00

打印时间:2022年12月15日

会计流水号　　　　　复核　　　　　记账

凭证 14-3

中国建设银行电子缴税付款凭证

转账日期:2022 年 12 月 15 日　　　　　　　凭证编号:2867524

纳税人全称及纳税人识别号:翔宇服装有限公司 123200490347589	
付款人全称:翔宇服装有限公司	
付款人账号:111155557777999900	征收机关名称:淮安市税务局
付款人开户银行:中国建设银行开发区支行	收款国库(银行)名称:淮安市财政国库支付中心
小写(合计)金额:¥47.88	缴款书交易流水号:2022121686523
大写(合计)金额:肆拾柒元捌角捌分	税票号码 9765455
税(费)种名称　　所属日期	实缴金额
个人所得税　　20221101—20221130	47.88
	打印时间:2022 年 12 月 15 日

第二联　作付款回单(无银行收讫章无效)

(盖章:中国建设银行开发区支行 业务专用章 2022年12月15日)

会计流水号　　　　　　复核　　　　　　记账

【业务15】 15 日,发放上月工资,如凭证 15-1 至凭证 15-4 所示。

凭证 15-1

工资结算汇总表

2022 年 11 月 30 日　　　　　　　　　　　　　　　金额单位:元

部门		短期薪酬 应付工资	代扣工资						实发金额
			养老保险 8%	失业保险 0.2%	医疗保险 2%+3	住房公积金 12%	个人所得税	小计	
生产部	生产工人	200 250.00	16 020.00	400.50	4 128.00	24 030.00	0.00	44 578.50	155 671.50
	管理人员	15 200.00	1 216.00	30.40	313.00	1 824.00		3 383.40	11 816.60
行政部		41 600.00	3 328.00	83.20	845.50	4 992.00	23.94	9 272.64	32 327.36
财务部		41 600.00	3 328.00	83.20	845.50	4 992.00	23.94	9 272.64	32 327.36
销售部		34 600.00	2 768.00	69.20	707.00	4 152.00		7 696.20	26 903.80
合计		333 250.00	26 660.00	666.50	6 839.00	39 990.00	47.88	74 203.38	259 046.62

注:医疗保险包括工资额的 2%和每人每月大额互助基金 3 元。

凭证15-2

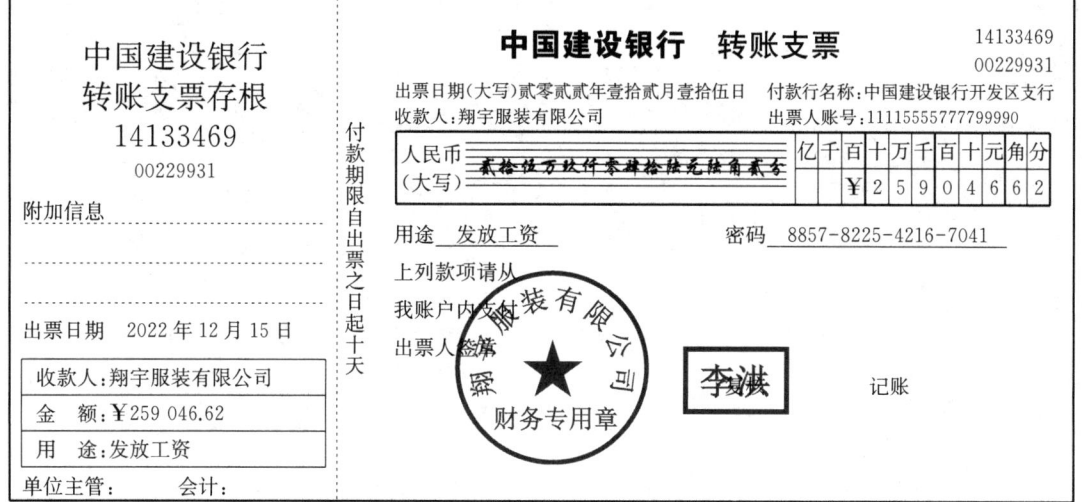

凭证15-3

	中国建设银行　进账单　（回单）														
	2022年12月15日														
出票人	全　称	翔宇服装有限公司	收款人	全　称	翔宇服装有限公司										此联是开户银行交给持票人的回单
	账　号	11115555777799990		账　号	11115555237677280										
	开户银行	中国建设银行开发区支行		开户银行	中国建设银行翔宇支行										
金额	人民币（大写）	贰拾伍万玖仟零肆拾陆元陆角贰分			亿	千	百	十	万	千	百	十	元	角	分
							￥	2	5	9	0	4	6	6	2
票据种类	转账支票	票据张数	壹张	中国建设银行 经济开发区支行 2022.12.15 转讫 开户银行签章											
票据号码	00229931														
单位主管	复核	记账													

凭证15-4

特色业务中国建设银行开发区支行批量成功代付清单

机构代码:519　　　　机构名称:中国建设银行开发区支行　　　　入账日期:2022年12月

账号	姓名	金额
4367631290560086354	张永强	4 609.15
4367631290560086845	徐子涵	5 709.72
4367631290560086632	王佳宁	5 863.65
4367631290560086532	范佳伟	6 585.13
4367631290560086732	刘思雨	4 384.37
4367631290560086135	陈玉强	5 619.03
（以下略）		
合计		259 046.62

【业务16】　15日,缴纳本月住房公积金,如凭证16-1至凭证16-3所示。

凭证16-1

住房公积金计算表

2022年11月30日　　　　　　　　　　　　　　　　　金额单位:元

部门		短期薪酬（应付工资）	短期薪酬(住房公积金)		
			企业承担部分	个人承担部分	小计
			12%	12%	24%
生产部	生产工人	200 250.00	24 030.00	24 030.00	48 060.00
	管理人员	15 200.00	1 824.00	1 824.00	3 648.00
行政部		41 600.00	4 992.00	4 992.00	9 984.00
财务部		41 600.00	4 992.00	4 992.00	9 984.00
销售部		34 600.00	4 152.00	4 152.00	8 304.00
合计		333 250.00	39 990.00	39 990.00	79 980.00

凭证16-2

中国建设银行
转账支票存根
10522580
00125611

附加信息

出票日期2022年12月15日

收款人：翔宇服装有限公司

金　　额：￥79 980.00

用　　途：缴纳住房公积金

单位主管　　　　会计

凭证16-3

住房公积金汇（补）缴书　　　　No.17752395

2022年12月15日　　　　附：缴存变更清册　页

交款单位	单位名称	翔宇服装有限公司		收款单位	单位名称	翔宇服装有限公司									
	单位账号	11115555777799990			单位账号	11115555234225716									
	开户银行	中国建设银行开发区支行			开户银行	中国建设银行华淮支行									
缴款类型	☑汇缴　□补缴			补缴原因											
缴款人数	220	缴款时间	2022年12月至2022年12月			月数	1								
缴款方式	□现金　☑转账					亿	千	百	十	万	千	百	十	元	角	分
金额（大写）	人民币柒万玖仟玖佰捌拾元整					￥			7	9	9	8	0	0	0
上次汇缴		本次增加汇缴				本次减少汇缴				本次汇（补）缴					
人数	金额	人数	金额			人数	金额			人数	金额				
上述款项已划转至市住房公积金管理中心住房公积金存款户内。（银行盖章） 复核：　　经办：　　　年　月　日															

（中国建设银行 经济开发区支行 2022.12.15 转讫）

三、会计综合模拟实训业务资料

【业务 17】 15 日,缴纳上月社会保险费,如凭证 17-1 和凭证 17-2 所示。

凭证 17-1

社会保险费计算表

2022 年 11 月 30 日　　　　　　　　　　　　　　　　　　　　　　金额单位:元

部门		应付工资	短期薪酬					离职后福利				小计
			医疗		工伤	生育		养老		失业		
			企业	个人	企业	企业		企业	个人	企业	个人	
			10.00%	2%+3	0.50%	0.80%		20.00%	8.00%	1.00%	0.20%	
生产部	生产工人	200 250	20 025	4 128	1 001.25	1 602		40 050	16 020	2 002.5	400.5	85 229.25
	管理人员	15 200	1 520	313	76	121.6		3 040	1 216	152	30.4	6 469
行政部		41 600	4 160	845.50	208.00	332.80		8 320	3 328	416	83.20	17 693.50
财务部		41 600	4 160	845.50	208.00	332.80		8 320	3 328	416	83.20	17 693.50
销售部		34 600	3 460	707	173	276.8		6 920	2 768	346	69.2	14 720
合计		333 250	33 325	6 839	1 666.25	2 666		66 650	26 660	3 332.5	666.5	141 805.25

凭证 17-2

中国建设银行电子缴税付款凭证

转账日期:2022 年 12 月 15 日　　　　　　　　　　　　凭证编号:2867523

纳税人全称及纳税人识别号:翔宇服装有限公司 123200490347589
付款人全称:翔宇服装有限公司
付款人账号:11115555777799990　　　征收机关名称:淮安市税务局
付款人开户银行:中国建设银行开发区支行　　收款国库(银行)名称:淮安市财政国库支付中心
小写(合计)金额:¥141 805.25　　　　　缴款书交易流水号:20221215876578 4720
大写(合计)金额:壹拾肆万壹仟捌佰零伍元贰角伍分　税票号码:8543276

税(费)种名称	所属日期	实缴金额
社保费(养老)	20221101—20221130	93 310.00
社保费(医疗)	20221101—20221130	40 164.00
社保费(失业)	20221101—20221130	3 999.00
社保费(工伤)	20221101—20221130	1 666.25
社保费(生育)	20221101—20221130	2 666.00

打印时间:2022 年 12 月 15 日

第二联　作付款回单(无银行收讫章无效)

会计流水号　　　　　复核　　　　　记账

三、会计综合模拟实训业务资料

【业务18】 15日,拨交上月工会经费,如凭证18-1至凭证18-3所示。

凭证18-1

工会专用结算凭证(行政拨交工会经费缴款书)

缴款日期 2022 年 12 月 15 日

付款单位	全称	翔宇服装有限公司		收款单位	(1)全称	翔宇服装有限公司工会委员会	金额							
	账号	11115555777799990			账号	111155557778569200	万	千	百	十	元	角	分
	开户银行	中国建设银行开发区支行			开户银行	中国建设银行开发区支行	比例 60%	¥		3	9	9	9	0	0
所属月份	11	职工人数	58		(2)全称	淮安市经济开发区工会委员会	金额							
上月职工工资总数	333 250.00	按2%计应缴交经费	6 665.00		账号	111155553127111110	万	千	百	十	元	角	分
迟交天数		按2%计应缴滞纳金		比例 40%	开户银行	中国建设银行开发区支行							
合计金额(人民币大写)叁仟玖佰玖拾玖元整							十万	千	百	十	元	角	分
								¥	3	9	9	9	0	0
缴款单位盖章 (翔宇服装有限公司财务专用章) (李洪)			工会委员会盖章 年 月 日				银行盖章 (中国建设银行开发区支行 业务专用章 2022年12月15日) 年 月 日							

凭证18-2

中国建设银行
转账支票存根
10522580
00125611

附加信息
....
....

出票日期 2022 年 12 月 15 日
收款人:翔宇服装有限公司工会委员会
金　　额:¥3 999.00
用　　途:缴纳工会经费

单位主管　　　　　会计

· 59 ·

三、会计综合模拟实训业务资料

凭证18-3

中国建设银行电子缴税付款凭证

转账日期:2022年12月15日　　　　　　　　　　　　　　凭证编号:2867893

纳税人全称及纳税人识别号:翔宇服装有限公司 123200490347589	
付款人全称:翔宇服装有限公司	
付款人账号:11115555777799990	征收机关名称:淮安市税务局
付款人开户银行:中国建设银行开发区支行	收款国库(银行)名称:淮安市财政国库支付中心
小写(合计)金额:¥2 666.00	缴款书交易流水号:20221218753789120
大写(合计)金额:贰仟陆佰陆拾陆元整	税票号码:85434566
税(费)种名称　　　　所属日期　　　　　　实缴金额	
工会经费　　　　　　20221101—20221130　　2 666.00	

打印时间:2022年12月15日

会计流水号　　　　　复核　　　　　　　　记账

【业务19】 18日,向红十字会捐赠500 000元,如凭证19-1至凭证19-3所示。

凭证19-1

付款申请书

2022年12月18日

用途及情况	金额										收款单位(人):中国红十字会淮安分会
支付捐赠款	亿	千	百	十	万	千	百	十	元	角	分	账号:1100201077707150 73552
				¥	5	0	0	0	0	0	0	0	开户行:中国工商银行北京东路支行
金额(大写)合计:	人民币伍拾万元整										结算方式:转账
总经理	张浩			财务部门	经理	李清			业务部门	经理	高军
					会计	陈一明				经办人	朱少严

凭证19-2

公益事业捐赠统一票据
UNIFIED INVOICE OF DONATION FOR PUBLIC WELFARE

国财00202　　　　　　2022年12月18日　　Y　　M　　D　　　　No 67123609

捐赠人 Donor:翔宇服装有限公司

捐赠项目 For purpose	实物(外币)种类 Material Objects(Currency)	数量 Amount	金额 Total amount
救助款	人民币		500 000.00
金额合计(小写)In Figures			¥500 000.00
金额合计(大写)In Words 伍拾万元整			

接受单位(盖章):　　　　　　复核人:　　　　　　　开票人:乔启
Receivers' Seal　　　　　　　Verified by　　　　　　Handing Person

感谢您对公益事业的支持! Thank you for support of public welfare!

凭证19-3

中国建设银行客户专用回单

币别：人民币　　　　　　　2022年12月18日　　　　　　　流水号：E20000007347

付款人	全 称	翔宇服装有限公司	收款人	全 称	中国红十字会淮安分会
	账 号	11115555777799990		账 号	110020107770715073552
	开户银行	中国建设银行开发区支行		开户银行	中国工商银行北京东路支行
金额	（大写）人民币伍拾万元整			（小写）¥500 000.00	
凭证种类			凭证号码		
结算方式	转账		用途	捐款	
打印柜员 A025 打印机构：0101239908 打印卡号：11115555777799990				（中国建设银行 电子回单专用章）	

打印时间：20221218　　　　交易柜员：A026　　　　交易机构：0101239908

【业务20】 18日，销售商品并代垫运费（预计该公司享受现金折扣概率为0），如凭证20-1至凭证20-5所示。

凭证20-1

付款申请书

2022年12月18日

用途及情况	金额										收款单位（人）：淮安速达物流公司
	亿	千	百	十	万	千	百	十	元	角	分	
支付代垫运费款					¥	5	4	5	0	0	0	账号：98776773968368482
												开户行：中国建设银行健康路支行
金额（大写）合计	人民币伍仟肆佰伍拾元整									结算方式：转账		
总经理	张浩		财务部门	经理		李清	业务部门	经理		高军		
				会计		陈一明		经办人		朱少严		

凭证 20-2

购销合同

购方：云林百货公司　　　　　　　　　　　　　合同编号：20221220
销方：翔宇服装有限公司　　　　　　　　　　　签订时间：2022 年 12 月 18 日

供需双方本署互利互惠、长期合作的原则，根据《中华人民共和国民法典》合同编及双方的实际情况，就需方向供方采购事宜，订立本合同，以使双方在合同履行中共同遵守。

一、产品名称、数量、单价、金额：

产品名称	计量单位	数量	单价(元)	金额(元)	备注
西服	件	1 000	598.00	598 000.00	
衬衫	件	800	418.00	334 400.00	
西裤	件	1 500	298.00	447 000.00	
合计				￥1 379 400.00	
合计人民币(大写)：壹佰叁拾柒万玖仟肆佰元整					

二、质量要求：产品符合国家同类标准并满足需方要求。

三、交(提)货地点、方式：无锡市金辉路 52 号。

四、付款时间与付款方式：
　　购买方验收无误后以银行转账方式付款，在条件范围内付款给予相应的折扣(现金折扣条件：1/10，0.5/20，N/60，折扣考虑增值税)。

五、运输方式及到站、港和费用负担：由购买方承担。

六、合理损耗及计算方法：以实际数量验收。

七、包装标准、包装物的供应与回收：普通包装，不回收包装物。

八、验收标准及方法：货到后需方进行验收并提出质量异议，不包括运输过程中造成的质量问题。

九、违约责任：按《中华人民共和国民法典》合同编。

十、解决合同纠纷的方式：双方协商解决。

十一、其他约定事项：本合同一式两份，需、供双方各一份，经双方盖章后即生效。

购方(盖章)：云林百货公司	销方(盖章)：翔宇服装有限公司
单 位 地 址：无锡市金辉路 52 号	单 位 地 址：淮安市经济开发区枚乘东路
电　　　话：0510-83789658	电　　　话：0517-88880000
签 订 日 期：2022 年 12 月 18 日	签 订 日 期：2022 年 12 月 08 日
开 户 银 行：中国建设银行金辉路支行	开 户 银 行：中国建设银行开发区支行
账　　　号：9877673298364522	账　　　号：1111555777799990

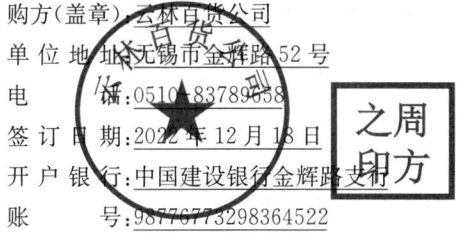

凭证 20-3

销　售　单

购货单位:云林百货公司　　地址和电话:无锡市金辉路 52 号 0510-83789658　　单据编号:XS30620
纳税人识别号:669275345786652　　开户行及账号:中国建设银行金辉路支行 98776773298364522
　　　　　　　　　　　　　　　　　　　　　　　　　　　　　　　　　　　　制单编号:2022 年 12 月 18 日

编码	产品名称	规格	单位	单价(元)	数量	金额(元)	备注
C01	西服		件	598.00	1 000	598 000.00	不含税
C02	衬衫		件	418.00	800	334 400.00	
C03	西裤		件	298.00	1 500	447 000.00	
合计	人民币(大写)壹佰叁拾柒万玖仟肆佰元整					¥1 379 400.00	

销售经理:王芳　　　　　经手人:陆佳佳　　　　　会计:陈晨　　　　　签收人:林琳

凭证 20-4

中国建设银行客户专用回单

币别:人民币　　　　　2022 年 12 月 18 日　　　　　流水号:E20000009627

付款人	全　称	翔宇服装有限公司	收款人	全　称	淮安速达物流公司
	账　号	11115555777799990		账　号	98776773968368482
	开户银行	中国建设银行开发区支行		开户银行	中国建设银行健康路支行
金额	(大写)人民币伍仟肆佰伍拾元整			(小写)¥5 450.00	
凭证种类			凭证号码		
结算方式	转账		用途	垫付运费	
打印柜员 A025　打印机构:0101239908　打印卡号:11115555777799990				中国建设银行 电子回单专用章	

打印时间:20221218　　　　　交易柜员:A025　　　　　交易机构:0101239908

三、会计综合模拟实训业务资料

凭证 20-5

0923357359681

机器编号:93475737593233

江苏增值税专用发票　No 29997979　0923357359681
29997979

此联不做报销抵扣税凭证使用

开票日期:2022 年 12 月 18 日

购买方	名　称：云林百货公司 纳税人识别号：669275345786652 地　址、电　话：无锡市金辉路 52 号 0510-55766976 开户行及账号：中国建设银行金辉路支行 98776773298364522	密码区	9368262＞8＞7＜638769＝96958＞1＊3575372 ＝6874846／－82768438＞＞／＊597959＋＞－795959 59595＞5979596975＋89＞＝－0957943 ／89597－＋637928－5373560／563784－＝75373

货物或应税劳务、服务名称	规格型号	单位	数量	单价	金额	税率	税额
西服		件	1000	598.00	598000.00	13％	77740.00
衬衫		件	800	418.00	334400.00	13％	43472.00
西裤		件	1500	298.00	447000.00	13％	58110.00
合　计					￥1379400.00		￥179322.00
价税合计（大写）	⊗壹佰伍拾伍万捌仟柒佰贰拾贰元整				（小写）￥1558722.00		

销售方	名　称：翔宇服装有限公司 纳税人识别号：123200490347589325 地　址、电　话：淮安市经济开发区枚乘东路 0517-88880000 开户行及账号：中国建设银行开发区支行 11115555777799990	备注

收款人：　　　　复核：　　　　开票人：郭超　　　　销售方：（章）

第一联：记账联　销售方记账凭证

【业务21】 18日,悦达百货公司发生财务困难,经协商,本公司减免悦达商贸公司60 000元债务,剩余款项已收回。该应收账款已计提坏账准备1 600元,如凭证21-1和凭证21-2所示。

凭证21-1

债务重组协议

债权人(以下简称甲方):翔宇服装有限公司
债务人(以下简称乙方):悦达百货公司
鉴于:
1. 甲方系依据中国法律在中国境内设立并合法存续的独立法人,具有履行本协议的权利能力和行为能力,有权独立作出处置自有资产决定,包括处置自有债权债务的决定;
2. 乙方系依据中国法律在中国境内设立并合法存续的独立法人,具有履行本协议的权利能力和行为能力,有权独立作出处置自有资产决定,包括处置自有债权债务的决定;
3. 协议双方有意就其因业务往来形成的债权债务关系,进行相应的调整以实现债务重组的目的。
有鉴于此,甲乙双方经友好协商达成如下债务重组协议,以兹共同遵守:
一、截至本协议签署之时,乙方尚欠甲方货款人民币贰拾陆万元整。
二、由于乙方生产经营遇到了前所未有的困难,资金匮乏,短期内无法偿付所欠甲方货款。双方经协商,进行债务重组。翔宇服装有限公司同意悦达百货公司以银行存款贰拾万元偿还债务,剩余债务给予减免。
……
十、协议生效及其他:
(1) 本协议自双方代表签字并加盖公章之日起生效。
(2) 本协议如有未尽事宜,由协议各方协商后另行签署相关补充协议。
(3) 本协议正本一式两份,协议各方持一份,均有同等法律效力。
甲方:翔宇服装有限公司   乙方:悦达百货公司
法定代表人:财务专用章   法定代表人:李庭悦
日期:2022 年 12 月 18 日   日期:2022 年 12 月 18 日

凭证21-2

中国建设银行客户专用回单

币别:人民币   2022 年 12 月 18 日   流水号:E20000001095

付款人	全 称	悦达百货公司	收款人	全 称	翔宇服装有限公司
	账 号	22435154367995529		账 号	111155557777999990
	开户银行	中国建设银行西安路支行		开户银行	中国建设银行开发区支行
金额	(大写)人民币贰拾万元整			(小写)¥200 000.00	
凭证种类			凭证号码		
结算方式	转账		用途	收回货款	

打印柜员 A026
打印机构:0101239908
打印卡号:111155557777999990

打印时间:20221218   交易柜员:A026

【业务 22】 20 日,以银行存款 600 000 元从苏州鼎新购入锐翔有限公司 20%的股权,可对锐翔有限公司的生产经营决策施加重大影响,采用权益法核算。锐翔有限公司交易当日可辨认净资产公允价值总额为 3 200 000 元,如凭证 22-1 至凭证 22-3 所示。

凭证 22-1

付款申请书

2022 年 12 月 20 日

用途及情况	金额									收款单位(人):苏州鼎新有限公司	
支付代垫运费款	亿	千	百	十	万	千	百	十	元	角	分	账号:98897773298398765
			¥	6	0	0	0	0	0	0	0	开户行:中国建设银行解放路支行
金额(大写)合计:	人民币陆拾万元整									结算方式:转账	
总经理	张浩			财务部门	经理		李清		业务部门	经理	高军
					会计		陈一明			经办人	朱少严

凭证 22-2

股权转让协议

转让方:苏州鼎新有限公司
纳税人识别号:123200799645327
注册地址:苏州市解放路 12 号 168 室
法定代表人:卜晋海

受让方:翔宇服装有限公司
纳税人识别号:123200490347589
注册地址:淮安市经济开发区枚乘东路
法定代表人:李洪

一、根据《中华人民共和国民法典》的规定,并经公司股东会会议决议,股东苏州鼎新有限公司同意将其在锐翔有限公司的 20%股权以货币资金人民币陆拾万元整(¥600 000.00)转让给翔宇服装有限公司(受让方)。
苏州鼎新有限公司开户行及账号:中国建设银行解放路支行 98897773298398765
二、依照本协议转让的股权于 2022 年 12 月 20 日实施,即受让方通过网银转账将股权收购款支付给转让方。
三、受让方自本协议规定的股权转让之日起,应当依法以其受让的股权份额享受股东权利,同时也承担股东责任。
四、如有一方违反本协议的,应协商解决,协商不成的,另一方有权向有管辖权的人民法院依法起诉。
五、本协议双方当事人签名、盖章后生效。

转让方:苏州鼎新有限公司
法定(授权)代表人:卜晋海
日期:2022 年 12 月 20 日

受让方:翔宇服装有限公司
法定(授权)代表人:李洪
日期:2022 年 12 月 20 日

凭证 22-3

中国建设银行客户专用回单

币别：人民币　　　　　　　　2022 年 12 月 20 日　　　　　　　　流水号：E20000003112

付款人	全　　称	翔宇服装有限公司	收款人	全　　称	苏州鼎新有限公司
	账　　号	11115555777799990		账　　号	98897773298398765
	开户银行	中国建设银行开发区支行		开户银行	中国建设银行解放路支行

金额	（大写）人民币陆拾万元整		（小写）¥600 000.00
凭证种类		凭证号码	
结算方式	转账	用途	支付股权受让款

打印柜员 A026
打印机构：0101239908
打印卡号：11115555777799990

（中国建设银行 电子回单专用章）

打印时间：20221220　　　交易柜员：A026　　　交易机构：0101239908

【业务 23】 21 日，收到存款利息，如凭证 23-1 和凭证 23-2 所示。

凭证 23-1

建设银行（开发区支行）计付存款利息清单（收款通知）

2022 年 12 月 21 日

单位名称：翔宇服装有限公司					
结算账号：11112222666698765			存款账号：11115555777799990		
编号	计息类型	计息起讫日期	计息积数	利率	利息金额
	活期储蓄存款	2022-09-20～2022-12-20	257 632 200.00	0.35%	2 504.76
摘要：利息收入				金额合计	¥2 504.76
金额合计（大写）贰仟伍佰零肆元柒角陆分					

（中国建设银行经济开发区支行 2022.12.21 转讫）

复核记账

凭证 23-2

建设银行(清江浦区支行)计付存款利息清单(收款通知)

2022 年 12 月 21 日

单位名称:翔宇服装有限公司					
结算账号:11112222666052842			存款账号:11115555234534580		
编号	计息类型	计息起讫日期	计息积数	利率	利息金额
	活期储蓄存款	2022-09-20～2022-12-20	79 200 000.00	0.35%	770.00
摘要:利息收入				金额合计	￥770.00
金额合计(大写)柒佰柒拾元整					

(盖章:中国建设银行 淮安清江浦区支行 2022.12.21 转讫)

复核记账

【业务24】 22日,报销车间设备维修费 3 800 元,增值税 494 元,如凭证 24-1 和凭证 24-2 所示。

凭证 24-1

中国建设银行客户专用回单

币别:人民币		2022 年 12 月 22 日			流水号:E20000006473
付款人	全 称	翔宇服装有限公司	收款人	全 称	宏图汽修服务有限公司
	账 号	11115555777799990		账 号	11115763774947293
	开户银行	中国建设银行开发区支行		开户银行	中国建设银行开发区支行
金额	(大写)人民币肆仟贰佰玖拾肆元整			(小写)￥4 294.00	
凭证种类			凭证号码		
结算方式	转账		用途	支付维修费	
打印柜员 A026 打印机构:0101239908 打印卡号:11115555777799990					(盖章:中国建设银行 电子回单专用章)

打印时间:20221222　　交易柜员:A026　　交易机构:0101239908

凭证 24-2

 0923357371606

机器编号：93475737593233

№ 30991379 0923357371606
30991379

开票日期：2022 年 12 月 22 日

购买方	名　　　　称：翔宇服装有限公司 纳税人识别号：123200490347589325 地　址、电　话：淮安市经济开发区枚乘东路 0517-88880000 开户行及账号：中国建设银行开发区支行 11115555777799990	密码区	9368262＞8＞7＜638769＝96958＞1＊3575372 ＝6874846／－82766668＞＞／＊597959＋＞－7959 59595＞5979975275＋89＞＝－0957943 ／89597－＋637928－5365280／563784－＝75373

货物或应税劳务、服务名称	规格型号	单位	数量	单价	金额	税率	税额
＊劳务费＊维修费		次	1	3800.00	3800.00	13％	494.00
合　　计					￥3800.00		￥494.00

价税合计（大写）	⊗肆仟贰佰玖拾肆元整	（小写）￥4294.00

销售方	名　　　　称：宏图汽修服务有限公司 纳税人识别号：123200933640219486 地　址、电　话：淮安市经济开发区枚乘东路 0517-83663358 开户行及账号：中国建设银行开发区支行 11115763774947293	备注	宏图汽修服务有限公司 123200933640219486 发票专用章

收款人：　　　　　复核：　　　　　开票人：陈鑫　　　　　销售方：（章）

第三联：发票联　购买方记账凭证

【业务 25】 22 日，支付欠款，如凭证 25-1 至凭证 25-4 所示。

凭证 25-1

付款申请书

2022 年 12 月 22 日

用途及情况	金额									收款单位（人）：雅宝纺织厂
支付代垫运费款	亿	千	百	十	万	千	百	十	元	角	分	账号：99283573538304672
			￥	5	6	5	0	0	0	0	0	开户行：中国工商银行人民路支行
金额（大写）合计	人民币伍拾陆万伍仟元整									结算方式：转账

总经理	张浩	财务部	经理	李清	业务部门	经理	高军
			会计	陈一明		经办人	朱少严

凭证 25-2

付款申请书

2022 年 12 月 22 日

用途及情况	金额										收款单位(人):莱蒂纺织厂
支付代垫运费款	亿	千	百	十万	千	百	十	元	角	分	账号:56286774538771262
			¥	6	7	8	0	0	0	0	开户行:中国农业银行解放路支行
金额(大写)合计	人民币陆拾柒万捌仟元整										结算方式:转账
总经理	张浩		财务部门		经理		李清		业务部门	经理	高军
					会计		陈一明			经办人	朱少严

凭证 25-3

中国建设银行客户专用回单

币别:人民币　　　　　2022 年 12 月 22 日　　　　　流水号:E20000009234

付款人	全　称	翔宇服装有限公司	收款人	全　称	雅宝纺织厂
	账　号	11115555777799990		账　号	99283573538304672
	开户银行	中国建设银行开发区支行		开户银行	中国工商银行人民路支行
金额	(大写)人民币伍拾陆万伍仟元整			(小写)¥565 000.00	
凭证种类			凭证号码		
结算方式	转账		用途	支付货款	
打印柜员 A026 打印机构:0101239908 打印卡号:11115555777799990				中国建设银行 电子回单专用章	

打印时间:20221222　　　　交易柜员:A026　　　　交易机构:0101239908

凭证 25-4

中国建设银行客户专用回单

币别：人民币　　　　2022 年 12 月 22 日　　　　流水号：E20000009788

付款人	全　称	翔宇服装有限公司	收款人	全　称	莱蒂纺织厂
	账　号	11115555777799990		账　号	56286774538771262
	开户银行	中国建设银行开发区支行		开户银行	中国农业银行解放路支行
金额	（大写）人民币陆拾柒万捌仟元整			（小写）¥678 000.00	
凭证种类			凭证号码		
结算方式	转账		用途	支付货款	
打印柜员 A026 打印机构：0101239908 打印卡号：11115555777799990					

打印时间：20221222　　　交易柜员：A026　　　交易机构：0101239908

【业务 26】 31 日，结合[业务 20]，收到货款 1 564 172 元，如凭证 26-1 所示。

凭证 26-1

中国建设银行客户专用回单

币别：人民币　　　　2022 年 12 月 31 日　　　　流水号：E20000011523

付款人	全　称	云林百货公司	收款人	全　称	翔宇服装有限公司
	账　号	98776773298364522		账　号	11115555777799990
	开户银行	中国建设银行金辉路支行		开户银行	中国建设银行开发区支行
金额	（大写）人民币壹佰伍拾陆万肆仟壹佰柒拾贰元整			（小写）¥1 564 172.00	
凭证种类			凭证号码		
结算方式	转账		用途	云林公司货款	
打印柜员 A025 打印机构：0101239908 打印卡号：11115555777799990					

打印时间：20221231　　　交易柜员：A025　　　交易机构：0101239908

【业务27】 31日,计提本月固定资产折旧,如凭证27-1所示。

凭证27-1

固定资产折旧计算表

2022年12月31日　　　　　　　　　　　　　　　　　　　　金额单位:元

名称	使用部门	原值	折旧年限(年)	月折旧率	月折旧额
厂房	车间	5 000 000	20	0.40%	
办公楼	管理部	15 000 000	20	0.40%	
设备	车间	4 800 000	10	0.80%	
	管理部	100 000	8	1.00%	
	销售部	100 000	8	1.00%	
合计	—	25 000 000	—	—	

【业务28】 31日,无形资产摊销,如凭证28-1所示。

凭证28-1

无形资产摊销计算表

2022年12月31日　　　　　　　　　　　　　　　　　　　　金额单位:元

名称	使用部门	原值	摊销年限(年)	月摊销额
土地使用权	管理部	6 480 000	30	
合计	—	6 480 000	—	

【业务29】 31日,计提本月长期借款利息(分期付息),如凭证29-1所示。

凭证29-1

长期借款利息计算表

2022年12月31日　　　　　　　　　　　　　　　　　　　　金额单位:元

序号	借款金额	借款年限(年)	借款起始日期	年利率	月利息额
1	800 000	3	2020.4.10—2023.4.10	4.20%	
合计	800 000	—	—	—	

【业务 30】 31 日,计提本月应代扣个人所得税,如凭证 30-1 所示。

凭证 30-1

个人所得税计算表

2022 年 12 月 31 日　　　　　　　　　　　　　　　　　　　　单位:元

姓名	应付工资	三险一金	专项附加扣除	本月应纳税所得额	1~11月应纳税所得额	累计应纳税额	累计已缴税额	应补/退税额
张永强	5 924.36	1 318.21	2 000	0	0	0	0	0
徐子涵	7 338.97	1 632.25	3 000	0	0	0	0	0
王佳宁	7 536.83	1 676.18	1 000	0	0	0	0	0
……	…	…	…	…	…	…	…	325.00
合计	…	…	…	…	…	…	…	325.00

【业务 31】 31 日,分配本月职工薪酬,如凭证 31-1 和凭证 31-2 所示。

凭证 31-1

职工薪酬汇总表

2022 年 12 月 31 日　　　　　　　　　　　　　　　　　　　　金额单位:元

部门		短期薪酬						离职后福利		合计
		应付工资	医疗保险 10%	工伤保险 0.20%	生育保险 0.80%	住房公积金 12%	工会经费 2%	养老保险 16%	失业保险 0.80%	
生产部	生产工人	199 255.81	19 925.58	398.51	1 594.05	23 910.70	3 985.12	31 880.93	1 594.05	282 544.74
	车间主管	15 124.53	1 512.45	30.25	121.00	1 814.94	302.49	2 419.92	121.00	21 446.59
管理部		41 340.66	4 134.07	82.68	330.73	4 960.88	826.81	6 614.51	330.73	58 621.06
财务部		41 340.66	4 134.07	82.68	330.73	4 960.88	826.81	6 614.51	330.73	58 621.06
销售部		34 384.30	3 438.43	68.77	275.07	4 126.12	687.69	5 501.49	275.07	48 756.94
合计		331 445.96	33 144.60	662.89	2 651.57	39 773.52	6 628.92	53 031.36	2 651.57	469 990.39

凭证31-2

职工薪酬分配表

2022年12月31日　　　　　　　　　　　　　　　　　　金额单位:元

受益对象		分配标准	分配率	分配额
生产部	西服	240		
	衬衫	180		
	西裤	120		
	小计	540	—	
车间管理			—	—
管理部			—	—
销售部			—	—
合计			—	—

备注:分配率保留小数点之后两位,尾差计入西裤生产车间。

【业务32】 31日,支付并分配本月水费,如凭证32-1至凭证32-3所示。

凭证32-1

水费分配表

2022年12月31日　　　　　　　　　　　　　　　　　　金额单位:元

受益对象	耗用量(吨)	分配率	分配金额
生产部	555		
管理部	10		
销售部	15		
合计	580		

凭证 32-2

江苏增值税专用发票

No 55668273　0320042589
55668273

0320042589
机器编号：499910986357

开票日期：2022 年 12 月 31 日

购买方	名　　称	翔宇服装有限公司	密码区	056566＞3＞2＜46234623－8＞1＊256227 2464＊31／－＋5627227＞＞／＊7＋＞－237237234 5327327＞7＞1＜543762372＊84＋89＞742 4／737－＋2747237＊237632／／76＋9－42
	纳税人识别号	123200490347589325		
	地址、电话	淮安市经济开发区枚乘东路 0517-88880000		
	开户行及账号	中国建设银行开发区支行 11115555777799990		

货物或应税劳务、服务名称	规格型号	单位	数量	单价	金额	税率	税额
水费		吨	580	3.17	1838.60	9％	165.47
合　计					¥1838.60		¥165.47

价税合计（大写）	⊗贰仟零肆元零柒分	（小写）¥2004.07

销售方	名　　称	淮安市自来水公司	备注	（淮安市自来水公司 624593457256994741 发票专用章）
	纳税人识别号	624593457256994741		
	地址、电话	淮安市长江路 0517-86537897		
	开户行及账号	中国建设银行长江路支行 74583748907568		

收款人：　　　复核：　　　开票人：韩锋　　　销售方：（章）

凭证 32-3

同城特约委托收款凭证（支款通知）

委托日期 2022 年 12 月 31 日　　　　流水号 399876484829

付款人	全　　称	翔宇服装有限公司	收款人	全　　称	淮安市自来水公司
	账号或地址	11115555777799990		账号或地址	74583748907568
	开户银行	建设银行开发区支行		开户银行	建设银行长江路支行
委收金额	人民币 （大写）	贰仟零肆元零柒分			¥2 004.07

款项内容		合同号	8372374	凭证张数	1
水费	¥2 004.07	注意事项： 1. 上列款项为见票全额付款 2. 上列款项若有误请于收款单位协商解决			
备注：					

（中国建设银行 经济开发区支行 2022.12.31）

会计　　　复核　　　记账　　　支付日期 2022 年 12 月 31 日

此联交付款人作支款通知

【业务33】 31日,支付并分配本月电费,如凭证33-1至凭证33-3所示。

凭证33-1

江苏增值税专用发票

№ 72568527 0760395684
72568527

开票日期:2022 年 12 月 31 日

购买方	名　　　　称: 翔宇服装有限公司 纳税人识别号: 123200490347589325 地　址、电　话: 淮安市经济开发区枚乘东路 0517-88880000 开户行及账号: 中国建设银行开发区支行 111155557777999990	密码区	573886＞73＞27＜686489＊4＞3－9586785 5723＊57－＋/5573483＞＞/＊688＞－9834787666 76576＞5767＜87675467＊527＋＞976－38 987＋867－＋/989876837＊4627/＜577－42

货物或应税劳务、服务名称	规格型号	单位	数量	单价	金额	税率	税额
电费		千瓦时	45000	0.60	27000.00	13%	3510.00
合　计					¥27000.00		¥3510.00

价税合计(大写)	⊗叁万零伍佰壹拾元整	(小写) ¥30510.00

销售方	名　　　　称: 淮安供电公司 纳税人识别号: 387593579828494757 地　址、电　话: 淮安市淮海路 0517-24565266 开户行及账号: 中国建设银行淮海路支行 09283743573672	备注	淮安供电公司 387593579828494757 发票专用章

收款人:　　　　　　复核:　　　　　　开票人:韩锋　　　　　　销售方:(章)

凭证33-2

电费分配表

2022 年 12 月 31 日　　　　　　　　　　　　　　金额单位:元

受益对象	耗用量(千瓦时)	分配率	分配金额
生产部	42 000		
管理部	2 700		
销售部	600		
合计	45 000		

凭证33-3

同城特约委托收款凭证(支款通知)

委托日期 2022 年 12 月 31 日　　　　　　　　　　　流水号 399876484985

付款人	全　　称	翔宇服装有限公司	收款人	全　　称	淮安供电公司	此联交付款人作支款通知
	账号或地址	11115555777799990		账号或地址	09283743573672	
	开户银行	建设银行开发区支行		开户银行	建设银行淮海路支行	
委收金额	人民币（大写）	叁万零伍佰壹拾元整			￥30 510.00	
	款项内容		合同号	6984794	1	
	电费	￥30 510.00	注意事项： 1. 上列款项为见票全额付款 2. 上列款项若有误请于收款单位协商解决			
备注：						

会计　　　　复核　　　　记账　　　　　　支付日期 2022 年 12 月 31 日

（盖章：中国建设银行 经济开发区支行 转讫 2022.12.31）

【业务34】 支付广告费，如凭证34-1和凭证34-2所示。

凭证34-1

中国建设银行客户专用回单

币别：人民币　　　　　　　　2022 年 12 月 31 日　　　　　　流水号：E20000068399

付款人	全　　称	翔宇服装有限公司	收款人	全　　称	圣美广告公司
	账　　号	11115555777799990		账　　号	28752976823768
	开户银行	中国建设银行开发区支行		开户银行	中国农业银行工农路支行
金额	（大写）叁仟壹佰捌拾元整			（小写）￥3 180.00	
凭证种类			凭证号码		
结算方式	转账		用途	广告费	
打印柜员 A027 打印机构：0101239908 打印卡号：11115555777799990				（盖章：中国建设银行 电子回单专用章）	

打印时间：20221231　　　交易柜员：A027　　　交易机构：0101239908

凭证 34-2

 9384793847

机器编号:465210462464

No 93837532 9384793847
93837532

开票日期:2022 年 12 月 31 日

购买方	名　　　称:翔宇服装有限公司 纳税人识别号:1232200490347589325 地　址、电话:淮安市经济开发区枚乘东路 0517-88880000 开户行及账号:中国建设银行开发区支行 11115555777799990						密码区	4362757＞2626＜6864＝056982＝－89＊4〕3－956265 5264612／－＋762657／／＊9860－＝9＞－8＋089－787666 65747＞73753＜583983－＝＊527＋＜90676－83 4627／867－＋／9894287＋987＊＜577－6837	
货物或应税劳务、服务名称	规格型号	单位	数量	单价	金额		税率		税额
广告费		次	1	3000.00	3000.00		6%		180.00
合　计					￥3000.00				￥180.00
价税合计(大写)	⊗叁仟壹佰捌拾元整					(小写) ￥3180.00			
销售方	名　　　称:圣美广告公司 纳税人识别号:838223090347523465 地　址、电话:淮安市深圳路 0517-8320482 开户行及账号:中国农业银行工农路支行 28752976823768						备注	圣美广告公司 838223090347523465 发票专用章	

收款人:　　　　　　复核:　　　　　　开票人:韩锋　　　　　　销售方:(章)

【业务 35】 31 日,将自用的 1# 办公楼出租,该办公楼的公允价值为 6 000 000.00 元后续采用公允价值模式计量,如凭证 35-1 至凭证 35-3 所示。

凭证 35-1

固定资产折旧明细表

2022 年 12 月 31 日　　　　　　　　　　　　　　　　　　　金额单位:元

类别及名称	使用日期	年限(年)	净残值率	原价	年折旧率	月折旧额	累计折旧	净值
1# 办公楼	2018.12.1	20	4%	7 000 000.00	4.8%	28 000.00	1 344 000.00	5 656 000.00

凭证 35-2

董事会决议

为了发挥现有资源的最大效益,经董事会讨论决定将1#办公楼对外出租。该办公楼原值为人民币柒佰万元整(￥7 000 000.00),公允价值为人民币陆佰万元整(￥6 000 000.00)。

翔宇服装有限公司
2022年12月31日

凭证 35-3

租赁合同

出租方:翔宇服装有限公司

承租方:淮安利源有限公司

依据《中华人民共和国民法典》合同编及有关法律、法规的规定,甲乙双方在平等、自愿的基础上,就房屋租赁的有关事宜达成协议如下:

第一条　　房屋基本情况

出租房屋为1#办公楼,坐落于淮安市经济开发区。

第二条　　租赁期限

房屋租赁期自2022年12月31日至2025年12月30日,租期为3年。

第三条　　租金

租金:30 000元/月(人民币大写:叁万元整)。租金每3个月交付一次,由乙方在第一个月的第一周交给甲方,先付后用,甲方收款后应提供给乙方有效的收款凭证。

第四条　　房屋维护及维修

……

第八条　　其他约定事项

本合同经双方签字盖章后生效。本合同一式两份,双方各持一份,具有同等法律效力。本合同生效后,双方对合同内容的变更或补充应采取书面形式,作为本合同的附件。附件与本合同具有同等的法律效力。

甲方:翔宇服装有限公司　　　　　　　　乙方:淮安利源有限公司

法定代表人:李洪　　　　　　　　　　　法定代表人:孙昊

日　　期:2022年12月31日　　　　　　日　　期:2022年12月31日

【业务36】 31日,2020年1月,本公司为欧倩棉纺有限公司100万元债务提供50%担保。2021年3月15日,欧倩棉纺有限公司因无力偿还到期债务而被债权人起诉。至本月底,法院尚未判决,如凭证36-1所示。

凭证36-1

关于债务担保事项的法律意见

(2022)淮源第472号

淮源律师事务所接受翔宇服装有限公司的委托,对2021年3月15日欧倩棉纺有限公司因无力偿还到期债务而被债权人起诉的事项进行调查,并对该事项进行分析,现向翔宇服装有限公司出具以下法律意见:

2020年1月,本公司为欧倩棉纺有限公司壹佰元整(¥1 000 000.00)债务提供50%担保,至2022年12月底,该案件法院尚未判决。经调查,欧倩棉纺有限公司目前经营困难,很可能无力偿还该笔债务。依据我国现有法律、法规、司法解释、政策规定,翔宇服装有限公司要承担全部保证责任(概率为70%),须赔偿人民币伍拾万元整(¥500 000.00)。

上述意见是对目前掌握的相关材料做出的初步分析意见,委托人对本意见的结论有独立判断权利。本事务所拥有唯一的解释权。

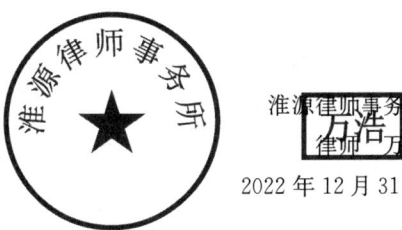

淮源律师事务所
律师 万浩
2022年12月31日

【业务37】 31日,结转本月入库材料计划成本,如凭证37-1所示。

凭证37-1

入库材料计划成本汇总表

2022年12月31日　　　　　　　　　　　　　　　　金额单位:元

材料名称	单位	数量	计划单价	金额
全棉府绸	匹		535.00	
粘纤	匹		655.00	
合计		—	—	

【业务38】 31日,结转本月入库材料成本差异,如凭证38-1所示。

凭证38-1

入库材料成本差异计算表

2022年12月31日　　　　　　　　　　　　　　　　　　　　　金额单位:元

材料名称	单位	入库计划总成本	实际总成本	材料成本差异
全棉府绸	匹			
粘纤	匹			
合　计				

【业务39】 31日,分配并结转本月发出材料计划成本,如凭证39-1至凭证39-5所示。

凭证39-1

领　料　单

领料部门:<u>生产车间</u>　　　　　2022年12月1日

用　途:<u>生产西服</u>　　　　　　　　　　　　　　　　　　编号:0920023

材料类别	材料编号	材料名称	计量单位	数量		单价（元）	金额（元）
				请领	实发		
（略）	（略）	全棉府绸	匹	280	280	535.00	149 800.00
		粘纤	匹	220	220	655.00	144 100.00

发料人:陈英　　　　　　　　　　　　　　　　　　　　　　　领料人:金轩

凭证39-2

领 料 单

领料部门：__生产车间__　　　　　　2022 年 12 月 6 日

用　　途：__生产西裤__　　　　　　　　　　　　　　　　　　　　编号：0920024

材料类别	材料编号	材料名称	计量单位	数量		单价（元）	金额（元）
				请领	实发		
（略）	（略）	全棉府绸	匹	200	200	535.00	107 000.00
		粘纤	匹	180	180	655.00	117 900.00

发料人：陈英　　　　　　　　　　　　　　　　　　　　　　　　　　领料人：金轩

凭证39-3

领 料 单

领料部门：__生产车间__　　　　　　2022 年 12 月 14 日

用　　途：__生产衬衫__　　　　　　　　　　　　　　　　　　　　编号：0920025

材料类别	材料编号	材料名称	计量单位	数量		单价（元）	金额（元）
				请领	实发		
（略）	（略）	全棉府绸	匹	320	320	535.00	171 200.00
		粘纤	匹	160	160	655.00	104 800.00

发料人：陈英　　　　　　　　　　　　　　　　　　　　　　　　　　领料人：金轩

凭证39-4

领 料 单

领料部门：__生产车间__   2022 年 12 月 18 日

用　　途：__生产西服__   编号：0920026

材料类别	材料编号	材料名称	计量单位	数量		单价（元）	金额（元）
				请领	实发		
（略）	（略）	全棉府绸	匹	160	160	535.00	85 600.00
		粘纤	匹	180	180	655.00	117 900.00

发料人：陈英　　　　　　　　　　　　　　　　　　　　　　　　　　　　　领料人：金轩

凭证39-5

发料凭证汇总表

2022 年 12 月 31 日　　　　　　　　　　　　　　　　　　　　　金额单位：元

材料名称	单位	计划单价	生产西服		生产西裤		生产衬衫		合计	
			数量	金额	数量	金额	数量	金额	数量	金额
全府绵绸	匹	535								
粘纤	匹	655								
合计	—	—								

【业务 40】 31 日,结转本月发出材料应负担的成本差异,如凭证 40-1 和凭证 40-2 所示。

凭证 40-1

材料成本差异率计算表

2022 年 12 月 31 日　　　　　　　　　　　　　　　　　金额单位:元

材料成本差异		原材料计划成本		材料成本差异率
期初结存	本期增加	期初结存	本期增加	

审核:李玉　　　　　　　　　　　　　　　　　　　　　　　制单:陈晨

凭证 40-2

生产耗用材料成本差异计算表

2022 年 12 月 31 日　　　　　　　　　　　　　　　　　金额单位:元

产品名称	计划成本	材料成本差异率	材料成本差异额
西服			
西裤			
衬衫			
合计			

【业务 41】 31日,分配并结转本月制造费用,如凭证41-1所示。

凭证41-1

制造费用分配表

2022年12月31日　　　　　　　　　　　　　　　　　金额单位:元

产品名称	分配标准(工时)	分配率	分配金额
西服	3 180		
西裤	3 560		
衬衫	2 168		
合计	8 908		

注:分配率计算保留两位小数,尾差计入衬衫成本。

【业务 42】 31日,结转本月完工产品成本,如凭证42-1至凭证42-5所示。

凭证42-1

入 库 单

2022年12月18日　　　　　　　　　　　　　　　　　金额单位:元

交来部门	生产部	验收仓库	成品库	入库日期	20221218		
名称及规格	单位	数量		实际价格			
		交库	实收	单价	金额		
西服	件	1 000	1 000				
西裤	件	1 200	1 200				
衬衫	件	1 600	1 600				
合计							

注:单价保留小数点后两位。

凭证 42-2

入 库 单

2022 年 12 月 31 日　　　　　　　　　　　　　　　　　　　　金额单位:元

交来部门	生产部	验收仓库		成品库	入库日期	20221231
名称及规格	单位	数量			实际价格	
		交库		实收	单价	金额
西服	件	1 600		1 600		
西裤	件	2 000		2 000		
衬衫	件	900		900		
合计						

凭证 42-3

成本计算表

产品:西服　　　　　　　　　　2022 年 12 月 31 日　　　　　　　　　　金额单位:元

项目	直接材料	直接人工	制造费用	合计
月初在产品成本				
本月生产费用				
生产费用合计				
月末在产品数量(件)	800	800	800	
月末在产品约当产量(件)				
完工产品数量(件)				
约当总产量(件)				
费用分配率				
完工产品成本				
月末在产品成本				

凭证 42-4

成本计算表

产品：西裤　　　　　　　　　2022 年 12 月 31 日　　　　　　　　金额单位：元

项目	直接材料	直接人工	制造费用	合计
月初在产品成本				
本月生产费用				
生产费用合计				
月末在产品数量(件)	1 800	1 800	1 800	
月末在产品约当产量(件)				
完工产品数量(件)				
约当总产量(件)				
费用分配率				
完工产品成本				
月末在产品成本				

凭证 42-5

成本计算表

产品：衬衫　　　　　　　　　2022 年 12 月 31 日　　　　　　　　金额单位：元

项目	直接材料	直接人工	制造费用	合计
月初在产品成本				
本月生产费用				
生产费用合计				
月末在产品数量(件)	800	800	800	
月末在产品约当产量(件)				
完工产品数量(件)				
约当总产量(件)				
费用分配率				
完工产品成本				
月末在产品成本				

【业务43】 31日,结转本月销售商品成本(单位成本保留小数点后两位),如凭证43-1至凭证43-3所示。

凭证43-1

销售成本计算表

2022年12月31日　　　　　　　　　　　　　　　　　　金额单位:元

产成品	期初余额		本期入库		单位成本	本期销售	
	数量	金额	数量	金额		数量	金额
西服							
西裤							
衬衫							
合计							

凭证43-2

出　库　单

出货单位:翔宇服装有限公司　　　2022年12月8日　　　　　　单号:043765

提货单位	晨宇贸易	销售单号	XS3002	发出仓库		成品库	出库日期:2022.12.8
名称及规格		单位	数量		单价		金额
			应发	实发			
西服		件	1 500	1 500			
西裤		件	800	800			
衬衫		件	1 400	1 400			
合计		—	3 700	3 700	—		

凭证43-3

出 库 单

出货单位:翔宇服装有限公司　　　　2022 年 12 月 18 日　　　　单号:043766

提货单位	云林百货	销售单号	XS30620	发出仓库	成品库	出库日期: 2022.12.18
名称及规格		单位	数量		单价	金额
			应发	实发		
西服		件	1 000	1 000		
西裤		件	1 500	1 500		
衬衫		件	800	800		
合计		—	3 300	3 300	—	

【业务44】 31日,计提坏账准备,如凭证44-1所示。

凭证44-1

坏账损失计算表

2022 年 12 月 31 日　　　　　　　　　　　　　　　　　　　　金额单位:元

计提项目	账面余额	计提比例	已计提金额	本期计提金额
应收账款		5‰		
合 计	—	—		

【业务 45】 31 日,确认交易性金融资产公允价值变动,如凭证 45-1 所示。

凭证 45-1

公允价值变动计算表

2022 年 12 月 31 日　　　　　　　　　　　　　　　金额单位:元

资产名称	账面价值	公允价值	公允价值变动
交易性金融资产(瑞扬股份)		400 000	

【业务 46】 31 日,结转本月未交增值税,如凭证 46-1 所示。

凭证 46-1

未交增值税计算表

2022 年 12 月 31 日　　　　　　　　　　　　　　　金额单位:元

项目	进项税额	销项税额	本月未交增值税
金额			

【业务 47】 31 日,计提城市维护建设税、教育费附加及地方教育附加,如凭证 47-1 所示。

凭证 47-1

应交城市维护建设税与教育费附加计算表

2022 年 12 月 31 日　　　　　　　　　　　　　　　金额单位:元

税种	计税金额	税率	应纳税额
城市维护建设税		7%	
教育费附加		3%	
地方教育费附加		2%	
合　计		—	—

【业务 48】 31日,结转损益类账户,如凭证48-1所示。

凭证48-1

损益类账户发生额结转表

2022年12月31日　　　　　　　　　　　　　　　　　　单位:元

总账账户名称	明细账户名称	本期借方发生额	本期贷方发生额

【业务49】 31日,预缴第四季度所得税,如凭证49-1所示。

凭证49-1

中国建设银行电子缴税付款凭证

转账日期:2022年12月31日　　　　　　　　　　　　　　凭证编号:2847348

纳税人全称及纳税人识别号:翔宇服装有限公司 123200490347589	
付款人全称:翔宇服装有限公司	
付款人账号:11115555777799990	征收机关名称:淮安市税务局
付款人开户银行:中国建设银行开发区支行	收款国库(银行)名称:淮安市财政国库支付中心
小写(合计)金额:¥139 380.13	缴款书交易流水号:20221215879597947
大写(合计)金额:壹拾叁万玖仟叁佰捌拾元壹角叁分	税票号码:85476657
税(费)种名称　　　　所属日期　　　　　　　　实缴金额	
企业所得税　　　　　20221001—20221231　　　139 380.13	
	打印时间　2022年12月31日

会计流水号　　　　　　　　复核　　　　　　　　记账

【业务50】 31日,计提本年度所得税费用和应交所得税,如凭证50-1所示。

除下列说明,不考虑其他所得税纳税调整事项:
1. 本年度1～11月业务招待费支出:228 000元;
2. 1～11月份所发生的营业外支出可在税前扣除;
3. 本年度1～11月营业收入总额为35 211 880元;本年度1～11月利润总额为8 908 870.08元;
4. 坏账准备按应收账款余额的5‰计提;
5. 交易性金融资产公允价值变动20 000元。

凭证50-1

应交所得税计算表

编制单位:翔宇服装有限公司　　　2022年12月31日　　　　　　　　单位:元

项目	账面价值	计税基础	可抵扣暂时性差异		应纳税暂时性差异		纳税调整额
			期初余额	期末余额	期初余额	期末余额	
捐赠支出							
业务招待费							
交易性金融资产							
应收账款							

【业务51】 31日,结转所得税费用。

【业务52】 31日,结转本年利润。

【业务53】 31日,计提法定盈余公积,如凭证53-1所示。

凭证53-1

盈余公积计算表

编制单位:翔宇服装有限公司　　　　2022年12月31日　　　　　　　　　　金额单位:元

项目	金额
计提基数	
提取法定盈余公积(10%)	

【业务54】 31日,结转"利润分配"账户的各明细账户余额。

[德技兼修]

精益求精的会计工匠精神

工匠精神是指耐心专注、精雕细琢、精益求精、追求卓越的精神理念。它既是一种做事态度和职业操守,也是一种从业追求和文化传承。堪称工匠者,必有对事业的沉静与专注,对细节的关注和对品质的追求。工匠精神同样是会计人务实敬业、细致严谨、终身学习、精益求精、不断提升职业胜任能力的方向。

会计凭证、账簿、报表、报告就是会计人的产品,对经济法规、准则、条例等的掌握程度,以及构成职业胜任能力的沟通、协调、管理、决策、职业判断能力等要素,就是会计人的工艺技能。会计工匠精神体现在对日常会计核算工作每一笔经济业务都要严谨细致,整理票据、复核付款、制作凭证、登记账簿、成本计算、财产清查、编制报表,对经济业务进行完整、连续和系统的记录和核算,每一步都是环环相扣,不容一丝差错,体现对财务会计工作遵循准则、精益求精、不做假账的职业精神和会计人应有的职责担当。

会计职业更需要工匠精神。面对复杂多变的业务事项,会计人要能够精益求精,准确及时监督反映;面对枯燥的数字和表格,要学会认真细致,耐得住寂寞;面对业务的质疑和挑战,要能够放下身段,站在业务层面换位思考;面对众多的诱惑和压力,要管得住手和心,敢于坚持底线;面对企业经营的变化,要能够面向目标,勇于担当,真正成为业务运营的好伙伴、好参谋。

四、实训任务

1. 根据翔宇服装有限公司 2022 年 12 月份主要经济业务资料,填制会计凭证。
2. 编制翔宇服装有限公司 2022 年 12 月份科目汇总表。
3. 登记银行存款日记账、生产成本明细账、库存商品明细账、应收账款总账和应收账款明细账。
4. 编制 2022 年 12 月份的资产负债表和 2022 年度利润表。

实训任务所需的空白记账凭证、账页及报表见附录。

附录1 空白记账凭证

记 账 凭 证

年　月　日　　　　　　　　　　　　　　　字号

摘要	总账科目	明细科目	借方金额									贷方金额									记账
			百	十	万	千	百	十	元	角	分	百	十	万	千	百	十	元	角	分	
附件　张		合　计																			

财务主管：　　　　　　复核：　　　　　　记账：　　　　　　制单：

记 账 凭 证

年　月　日　　　　　　　　　　　　　　　字号

摘要	总账科目	明细科目	借方金额									贷方金额									记账
			百	十	万	千	百	十	元	角	分	百	十	万	千	百	十	元	角	分	
附件　张		合　计																			

财务主管：　　　　　　复核：　　　　　　记账：　　　　　　制单：

记 账 凭 证

年　月　日　　　　　　　　　　　　　　　字号

摘要	总账科目	明细科目	借方金额									贷方金额									记账
			百	十	万	千	百	十	元	角	分	百	十	万	千	百	十	元	角	分	
附件　张		合　计																			

财务主管：　　　　　　复核：　　　　　　记账：　　　　　　制单：

附录1 空白记账凭证

记 账 凭 证

年　月　日　　　　　　　　　　　　　　　　　字　号

摘要	总账科目	明细科目	借方金额									贷方金额									记账
			百	十	万	千	百	十	元	角	分	百	十	万	千	百	十	元	角	分	
附件　张	合　计																				

财务主管：　　　　　复核：　　　　　记账：　　　　　制单：

记 账 凭 证

年　月　日　　　　　　　　　　　　　　　　　字　号

摘要	总账科目	明细科目	借方金额									贷方金额									记账
			百	十	万	千	百	十	元	角	分	百	十	万	千	百	十	元	角	分	
附件　张	合　计																				

财务主管：　　　　　复核：　　　　　记账：　　　　　制单：

记 账 凭 证

年　月　日　　　　　　　　　　　　　　　　　字　号

摘要	总账科目	明细科目	借方金额									贷方金额									记账
			百	十	万	千	百	十	元	角	分	百	十	万	千	百	十	元	角	分	
附件　张	合　计																				

财务主管：　　　　　复核：　　　　　记账：　　　　　制单：

附录1 空白记账凭证

记 账 凭 证
年　月　日　　　　　　　　　　　　　　　　　　　　字　号

摘要	总账科目	明细科目	借方金额									贷方金额									记账
			百	十	万	千	百	十	元	角	分	百	十	万	千	百	十	元	角	分	
附件　张		合　计																			

财务主管：　　　　　复核：　　　　　记账：　　　　　制单：

记 账 凭 证
年　月　日　　　　　　　　　　　　　　　　　　　　字　号

摘要	总账科目	明细科目	借方金额									贷方金额									记账
			百	十	万	千	百	十	元	角	分	百	十	万	千	百	十	元	角	分	
附件　张		合　计																			

财务主管：　　　　　复核：　　　　　记账：　　　　　制单：

记 账 凭 证
年　月　日　　　　　　　　　　　　　　　　　　　　字　号

摘要	总账科目	明细科目	借方金额									贷方金额									记账
			百	十	万	千	百	十	元	角	分	百	十	万	千	百	十	元	角	分	
附件　张		合　计																			

财务主管：　　　　　复核：　　　　　记账：　　　　　制单：

附录1 空白记账凭证

记 账 凭 证
年 月 日　　　　　　　　　　　　字 号

摘要	总账科目	明细科目	借方金额									贷方金额									记账
			百	十	万	千	百	十	元	角	分	百	十	万	千	百	十	元	角	分	
附件　张	合　计																				

财务主管：　　　　　复核：　　　　　记账：　　　　　制单：

记 账 凭 证
年 月 日　　　　　　　　　　　　字 号

摘要	总账科目	明细科目	借方金额									贷方金额									记账
			百	十	万	千	百	十	元	角	分	百	十	万	千	百	十	元	角	分	
附件　张	合　计																				

财务主管：　　　　　复核：　　　　　记账：　　　　　制单：

记 账 凭 证
年 月 日　　　　　　　　　　　　字 号

摘要	总账科目	明细科目	借方金额									贷方金额									记账
			百	十	万	千	百	十	元	角	分	百	十	万	千	百	十	元	角	分	
附件　张	合　计																				

财务主管：　　　　　复核：　　　　　记账：　　　　　制单：

附录1 空白记账凭证

记 账 凭 证

年　月　日　　　　　　　　　　　　　　　字　号

摘要	总账科目	明细科目	借方金额									贷方金额									记账
			百	十	万	千	百	十	元	角	分	百	十	万	千	百	十	元	角	分	
附件　张		合　计																			

财务主管：　　　　　复核：　　　　　记账：　　　　　制单：

记 账 凭 证

年　月　日　　　　　　　　　　　　　　　字　号

摘要	总账科目	明细科目	借方金额									贷方金额									记账
			百	十	万	千	百	十	元	角	分	百	十	万	千	百	十	元	角	分	
附件　张		合　计																			

财务主管：　　　　　复核：　　　　　记账：　　　　　制单：

记 账 凭 证

年　月　日　　　　　　　　　　　　　　　字　号

摘要	总账科目	明细科目	借方金额									贷方金额									记账
			百	十	万	千	百	十	元	角	分	百	十	万	千	百	十	元	角	分	
附件　张		合　计																			

财务主管：　　　　　复核：　　　　　记账：　　　　　制单：

附录1　空白记账凭证

记 账 凭 证
年　月　日　　　　　　　　　　　　　　　　　　　字　号

摘　要	总账科目	明细科目	借方金额									贷方金额									记账
			百	十	万	千	百	十	元	角	分	百	十	万	千	百	十	元	角	分	
附件　张	合　计																				

财务主管：　　　　　　复核：　　　　　　记账：　　　　　　制单：

记 账 凭 证
年　月　日　　　　　　　　　　　　　　　　　　　字　号

摘　要	总账科目	明细科目	借方金额									贷方金额									记账
			百	十	万	千	百	十	元	角	分	百	十	万	千	百	十	元	角	分	
附件　张	合　计																				

财务主管：　　　　　　复核：　　　　　　记账：　　　　　　制单：

记 账 凭 证
年　月　日　　　　　　　　　　　　　　　　　　　字　号

摘　要	总账科目	明细科目	借方金额									贷方金额									记账
			百	十	万	千	百	十	元	角	分	百	十	万	千	百	十	元	角	分	
附件　张	合　计																				

财务主管：　　　　　　复核：　　　　　　记账：　　　　　　制单：

附录1 空白记账凭证

记 账 凭 证
年　月　日　　　　　　　　　　　　　　　　　　　　　字　号

摘要	总账科目	明细科目	借方金额									贷方金额									记账
			百	十	万	千	百	十	元	角	分	百	十	万	千	百	十	元	角	分	
附件　张	合　计																				

财务主管：　　　　　复核：　　　　　记账：　　　　　制单：

记 账 凭 证
年　月　日　　　　　　　　　　　　　　　　　　　　　字　号

摘要	总账科目	明细科目	借方金额									贷方金额									记账
			百	十	万	千	百	十	元	角	分	百	十	万	千	百	十	元	角	分	
附件　张	合　计																				

财务主管：　　　　　复核：　　　　　记账：　　　　　制单：

记 账 凭 证
年　月　日　　　　　　　　　　　　　　　　　　　　　字　号

摘要	总账科目	明细科目	借方金额									贷方金额									记账
			百	十	万	千	百	十	元	角	分	百	十	万	千	百	十	元	角	分	
附件　张	合　计																				

财务主管：　　　　　复核：　　　　　记账：　　　　　制单：

附录1 空白记账凭证

记 账 凭 证

年　月　日　　　　　　　　　　　　　　　　　　字号

摘　要	总账科目	明细科目	借方金额									贷方金额									记账
			百	十	万	千	百	十	元	角	分	百	十	万	千	百	十	元	角	分	
附件　张	合　计																				

财务主管：　　　　　复核：　　　　　记账：　　　　　制单：

记 账 凭 证

年　月　日　　　　　　　　　　　　　　　　　　字号

摘　要	总账科目	明细科目	借方金额									贷方金额									记账
			百	十	万	千	百	十	元	角	分	百	十	万	千	百	十	元	角	分	
附件　张	合　计																				

财务主管：　　　　　复核：　　　　　记账：　　　　　制单：

记 账 凭 证

年　月　日　　　　　　　　　　　　　　　　　　字号

摘　要	总账科目	明细科目	借方金额									贷方金额									记账
			百	十	万	千	百	十	元	角	分	百	十	万	千	百	十	元	角	分	
附件　张	合　计																				

财务主管：　　　　　复核：　　　　　记账：　　　　　制单：

附录1　空白记账凭证

记 账 凭 证
年　月　日　　　　　　　　　　　　　　　　　　　字　号

摘要	总账科目	明细科目	借方金额									贷方金额									记账
			百	十	万	千	百	十	元	角	分	百	十	万	千	百	十	元	角	分	
附件　张	合　计																				

财务主管：　　　　　　复核：　　　　　　记账：　　　　　　制单：

记 账 凭 证
年　月　日　　　　　　　　　　　　　　　　　　　字　号

摘要	总账科目	明细科目	借方金额									贷方金额									记账
			百	十	万	千	百	十	元	角	分	百	十	万	千	百	十	元	角	分	
附件　张	合　计																				

财务主管：　　　　　　复核：　　　　　　记账：　　　　　　制单：

记 账 凭 证
年　月　日　　　　　　　　　　　　　　　　　　　字　号

摘要	总账科目	明细科目	借方金额									贷方金额									记账
			百	十	万	千	百	十	元	角	分	百	十	万	千	百	十	元	角	分	
附件　张	合　计																				

财务主管：　　　　　　复核：　　　　　　记账：　　　　　　制单：

附录1 空白记账凭证

记 账 凭 证

年　月　日　　　　　　　　　　　　　　　　　　字　号

摘要	总账科目	明细科目	借方金额									贷方金额									记账
			百	十	万	千	百	十	元	角	分	百	十	万	千	百	十	元	角	分	
附件　张	合　计																				

财务主管：　　　　　复核：　　　　　记账：　　　　　制单：

记 账 凭 证

年　月　日　　　　　　　　　　　　　　　　　　字　号

摘要	总账科目	明细科目	借方金额									贷方金额									记账
			百	十	万	千	百	十	元	角	分	百	十	万	千	百	十	元	角	分	
附件　张	合　计																				

财务主管：　　　　　复核：　　　　　记账：　　　　　制单：

记 账 凭 证

年　月　日　　　　　　　　　　　　　　　　　　字　号

摘要	总账科目	明细科目	借方金额									贷方金额									记账
			百	十	万	千	百	十	元	角	分	百	十	万	千	百	十	元	角	分	
附件　张	合　计																				

财务主管：　　　　　复核：　　　　　记账：　　　　　制单：

附录1 空白记账凭证

记 账 凭 证
年　月　日　　　　　　　　　　　　　　　字　号

摘要	总账科目	明细科目	借方金额									贷方金额									记账
			百	十	万	千	百	十	元	角	分	百	十	万	千	百	十	元	角	分	
附件　张		合　计																			

财务主管：　　　　　　复核：　　　　　　记账：　　　　　　制单：

记 账 凭 证
年　月　日　　　　　　　　　　　　　　　字　号

摘要	总账科目	明细科目	借方金额									贷方金额									记账
			百	十	万	千	百	十	元	角	分	百	十	万	千	百	十	元	角	分	
附件　张		合　计																			

财务主管：　　　　　　复核：　　　　　　记账：　　　　　　制单：

记 账 凭 证
年　月　日　　　　　　　　　　　　　　　字　号

摘要	总账科目	明细科目	借方金额									贷方金额									记账
			百	十	万	千	百	十	元	角	分	百	十	万	千	百	十	元	角	分	
附件　张		合　计																			

财务主管：　　　　　　复核：　　　　　　记账：　　　　　　制单：

附录1 空白记账凭证

记 账 凭 证
年　月　日　　　　　　　　　　字号

摘要	总账科目	明细科目	借方金额									贷方金额									记账
			百	十	万	千	百	十	元	角	分	百	十	万	千	百	十	元	角	分	
附件　张	合　计																				

财务主管：　　　　　　复核：　　　　　　记账：　　　　　　制单：

记 账 凭 证
年　月　日　　　　　　　　　　字号

摘要	总账科目	明细科目	借方金额									贷方金额									记账
			百	十	万	千	百	十	元	角	分	百	十	万	千	百	十	元	角	分	
附件　张	合　计																				

财务主管：　　　　　　复核：　　　　　　记账：　　　　　　制单：

记 账 凭 证
年　月　日　　　　　　　　　　字号

摘要	总账科目	明细科目	借方金额									贷方金额									记账
			百	十	万	千	百	十	元	角	分	百	十	万	千	百	十	元	角	分	
附件　张	合　计																				

财务主管：　　　　　　复核：　　　　　　记账：　　　　　　制单：

附录1 空白记账凭证

记 账 凭 证
年　月　日　　　　　　　　　　　　　　　　　　　　　字　号

摘要	总账科目	明细科目	借方金额									贷方金额									记账
			百	十	万	千	百	十	元	角	分	百	十	万	千	百	十	元	角	分	
附件　张	合　计																				

财务主管：　　　　　复核：　　　　　记账：　　　　　制单：

记 账 凭 证
年　月　日　　　　　　　　　　　　　　　　　　　　　字　号

摘要	总账科目	明细科目	借方金额									贷方金额									记账
			百	十	万	千	百	十	元	角	分	百	十	万	千	百	十	元	角	分	
附件　张	合　计																				

财务主管：　　　　　复核：　　　　　记账：　　　　　制单：

记 账 凭 证
年　月　日　　　　　　　　　　　　　　　　　　　　　字　号

摘要	总账科目	明细科目	借方金额									贷方金额									记账
			百	十	万	千	百	十	元	角	分	百	十	万	千	百	十	元	角	分	
附件　张	合　计																				

财务主管：　　　　　复核：　　　　　记账：　　　　　制单：

附录1 空白记账凭证

记 账 凭 证
年　月　日　　　　　　　　　　　　　　　　　　　字　号

摘要	总账科目	明细科目	借方金额									贷方金额									记账
			百	十	万	千	百	十	元	角	分	百	十	万	千	百	十	元	角	分	
附件　张	合　计																				

财务主管：　　　　　　复核：　　　　　　记账：　　　　　　制单：

记 账 凭 证
年　月　日　　　　　　　　　　　　　　　　　　　字　号

摘要	总账科目	明细科目	借方金额									贷方金额									记账
			百	十	万	千	百	十	元	角	分	百	十	万	千	百	十	元	角	分	
附件　张	合　计																				

财务主管：　　　　　　复核：　　　　　　记账：　　　　　　制单：

记 账 凭 证
年　月　日　　　　　　　　　　　　　　　　　　　字　号

摘要	总账科目	明细科目	借方金额									贷方金额									记账
			百	十	万	千	百	十	元	角	分	百	十	万	千	百	十	元	角	分	
附件　张	合　计																				

财务主管：　　　　　　复核：　　　　　　记账：　　　　　　制单：

附录1 空白记账凭证

记 账 凭 证

年　月　日　　　　　　　　　　　　　　　　　　　　字　号

摘要	总账科目	明细科目	借方金额										贷方金额										记账
			百	十	万	千	百	十	元	角	分	百	十	万	千	百	十	元	角	分	
附件　张		合　计																			

财务主管：　　　　　　复核：　　　　　　记账：　　　　　　制单：

记 账 凭 证

年　月　日　　　　　　　　　　　　　　　　　　　　字　号

摘要	总账科目	明细科目	借方金额										贷方金额										记账
			百	十	万	千	百	十	元	角	分	百	十	万	千	百	十	元	角	分	
附件　张		合　计																			

财务主管：　　　　　　复核：　　　　　　记账：　　　　　　制单：

记 账 凭 证

年　月　日　　　　　　　　　　　　　　　　　　　　字　号

摘要	总账科目	明细科目	借方金额										贷方金额										记账
			百	十	万	千	百	十	元	角	分	百	十	万	千	百	十	元	角	分	
附件　张		合　计																			

财务主管：　　　　　　复核：　　　　　　记账：　　　　　　制单：

附录1 空白记账凭证

记 账 凭 证

年　月　日　　　　　　　　　　　　　　　　　　字号

摘要	总账科目	明细科目	借方金额									贷方金额									记账
			百	十	万	千	百	十	元	角	分	百	十	万	千	百	十	元	角	分	
附件　张		合　计																			

财务主管：　　　　　复核：　　　　　记账：　　　　　制单：

记 账 凭 证

年　月　日　　　　　　　　　　　　　　　　　　字号

摘要	总账科目	明细科目	借方金额									贷方金额									记账
			百	十	万	千	百	十	元	角	分	百	十	万	千	百	十	元	角	分	
附件　张		合　计																			

财务主管：　　　　　复核：　　　　　记账：　　　　　制单：

记 账 凭 证

年　月　日　　　　　　　　　　　　　　　　　　字号

摘要	总账科目	明细科目	借方金额									贷方金额									记账
			百	十	万	千	百	十	元	角	分	百	十	万	千	百	十	元	角	分	
附件　张		合　计																			

财务主管：　　　　　复核：　　　　　记账：　　　　　制单：

附录1 空白记账凭证

记 账 凭 证

年　月　日　　　　　　　　　　　　　　　　　　　　　字　号

摘要	总账科目	明细科目	借方金额									贷方金额									记账
			百	十	万	千	百	十	元	角	分	百	十	万	千	百	十	元	角	分	
附件　　张	合　计																				

财务主管：　　　　　　　复核：　　　　　　　记账：　　　　　　　制单：

记 账 凭 证

年　月　日　　　　　　　　　　　　　　　　　　　　　字　号

摘要	总账科目	明细科目	借方金额									贷方金额									记账
			百	十	万	千	百	十	元	角	分	百	十	万	千	百	十	元	角	分	
附件　　张	合　计																				

财务主管：　　　　　　　复核：　　　　　　　记账：　　　　　　　制单：

记 账 凭 证

年　月　日　　　　　　　　　　　　　　　　　　　　　字　号

摘要	总账科目	明细科目	借方金额									贷方金额									记账
			百	十	万	千	百	十	元	角	分	百	十	万	千	百	十	元	角	分	
附件　　张	合　计																				

财务主管：　　　　　　　复核：　　　　　　　记账：　　　　　　　制单：

附录 1 空白记账凭证

记 账 凭 证
年　月　日　　　　　　　　　　　　　　　　　　　字　号

摘　要	总账科目	明细科目	借方金额									贷方金额									记账
			百	十	万	千	百	十	元	角	分	百	十	万	千	百	十	元	角	分	
附件　张	合　计																				

财务主管：　　　　　　复核：　　　　　　记账：　　　　　　制单：

记 账 凭 证
年　月　日　　　　　　　　　　　　　　　　　　　字　号

摘　要	总账科目	明细科目	借方金额									贷方金额									记账
			百	十	万	千	百	十	元	角	分	百	十	万	千	百	十	元	角	分	
附件　张	合　计																				

财务主管：　　　　　　复核：　　　　　　记账：　　　　　　制单：

记 账 凭 证
年　月　日　　　　　　　　　　　　　　　　　　　字　号

摘　要	总账科目	明细科目	借方金额									贷方金额									记账
			百	十	万	千	百	十	元	角	分	百	十	万	千	百	十	元	角	分	
附件　张	合　计																				

财务主管：　　　　　　复核：　　　　　　记账：　　　　　　制单：

附录 1　空白记账凭证

记 账 凭 证
年　月　日　　　　　　　　　　　　　　　　　字　号

摘要	总账科目	明细科目	借方金额									贷方金额									记账
			百	十	万	千	百	十	元	角	分	百	十	万	千	百	十	元	角	分	
附件　张		合　计																			

财务主管：　　　　　　复核：　　　　　　记账：　　　　　　制单：

记 账 凭 证
年　月　日　　　　　　　　　　　　　　　　　字　号

摘要	总账科目	明细科目	借方金额									贷方金额									记账
			百	十	万	千	百	十	元	角	分	百	十	万	千	百	十	元	角	分	
附件　张		合　计																			

财务主管：　　　　　　复核：　　　　　　记账：　　　　　　制单：

记 账 凭 证
年　月　日　　　　　　　　　　　　　　　　　字　号

摘要	总账科目	明细科目	借方金额									贷方金额									记账
			百	十	万	千	百	十	元	角	分	百	十	万	千	百	十	元	角	分	
附件　张		合　计																			

财务主管：　　　　　　复核：　　　　　　记账：　　　　　　制单：

附录1　空白记账凭证

记 账 凭 证
年　月　日　　　　　　　　　　　　　　　　　字　号

摘要	总账科目	明细科目	借方金额									贷方金额									记账
			百	十	万	千	百	十	元	角	分	百	十	万	千	百	十	元	角	分	
附件　张	合　计																				

财务主管：　　　　　　复核：　　　　　　记账：　　　　　　制单：

记 账 凭 证
年　月　日　　　　　　　　　　　　　　　　　字　号

摘要	总账科目	明细科目	借方金额									贷方金额									记账
			百	十	万	千	百	十	元	角	分	百	十	万	千	百	十	元	角	分	
附件　张	合　计																				

财务主管：　　　　　　复核：　　　　　　记账：　　　　　　制单：

记 账 凭 证
年　月　日　　　　　　　　　　　　　　　　　字　号

摘要	总账科目	明细科目	借方金额									贷方金额									记账
			百	十	万	千	百	十	元	角	分	百	十	万	千	百	十	元	角	分	
附件　张	合　计																				

财务主管：　　　　　　复核：　　　　　　记账：　　　　　　制单：

附录1　空白记账凭证

记 账 凭 证
年　月　日　　　　　　　　　　　　　　　　　字　号

摘要	总账科目	明细科目	借方金额									贷方金额									记账
			百	十	万	千	百	十	元	角	分	百	十	万	千	百	十	元	角	分	
附件　张	合　计																				

财务主管：　　　　　　　复核：　　　　　　　记账：　　　　　　　制单：

记 账 凭 证
年　月　日　　　　　　　　　　　　　　　　　字　号

摘要	总账科目	明细科目	借方金额									贷方金额									记账
			百	十	万	千	百	十	元	角	分	百	十	万	千	百	十	元	角	分	
附件　张	合　计																				

财务主管：　　　　　　　复核：　　　　　　　记账：　　　　　　　制单：

记 账 凭 证
年　月　日　　　　　　　　　　　　　　　　　字　号

摘要	总账科目	明细科目	借方金额									贷方金额									记账
			百	十	万	千	百	十	元	角	分	百	十	万	千	百	十	元	角	分	
附件　张	合　计																				

财务主管：　　　　　　　复核：　　　　　　　记账：　　　　　　　制单：

附录1　空白记账凭证

记　账　凭　证
年　月　日　　　　　　　　　　　　　　　　　字　号

摘　要	总账科目	明细科目	借方金额									贷方金额									记账
			百	十	万	千	百	十	元	角	分	百	十	万	千	百	十	元	角	分	
附件　张		合　计																			

财务主管：　　　　　复核：　　　　　记账：　　　　　制单：

记　账　凭　证
年　月　日　　　　　　　　　　　　　　　　　字　号

摘　要	总账科目	明细科目	借方金额									贷方金额									记账
			百	十	万	千	百	十	元	角	分	百	十	万	千	百	十	元	角	分	
附件　张		合　计																			

财务主管：　　　　　复核：　　　　　记账：　　　　　制单：

记　账　凭　证
年　月　日　　　　　　　　　　　　　　　　　字　号

摘　要	总账科目	明细科目	借方金额									贷方金额									记账
			百	十	万	千	百	十	元	角	分	百	十	万	千	百	十	元	角	分	
附件　张		合　计																			

财务主管：　　　　　复核：　　　　　记账：　　　　　制单：

附录1　空白记账凭证

记　账　凭　证

年　月　日　　　　　　　　　　　　　　　　　字　号

摘要	总账科目	明细科目	借方金额										贷方金额										记账
			百	十	万	千	百	十	元	角	分	百	十	万	千	百	十	元	角	分	
附件　张	合　计																				

财务主管：　　　　　　复核：　　　　　　记账：　　　　　　制单：

记　账　凭　证

年　月　日　　　　　　　　　　　　　　　　　字　号

摘要	总账科目	明细科目	借方金额										贷方金额										记账
			百	十	万	千	百	十	元	角	分	百	十	万	千	百	十	元	角	分	
附件　张	合　计																				

财务主管：　　　　　　复核：　　　　　　记账：　　　　　　制单：

记　账　凭　证

年　月　日　　　　　　　　　　　　　　　　　字　号

摘要	总账科目	明细科目	借方金额										贷方金额										记账
			百	十	万	千	百	十	元	角	分	百	十	万	千	百	十	元	角	分	
附件　张	合　计																				

财务主管：　　　　　　复核：　　　　　　记账：　　　　　　制单：

附录1　空白记账凭证

记　账　凭　证
年　月　日　　　　　　　　　　　　　　　　　　字　号

摘要	总账科目	明细科目	借方金额 百十万千百十元角分	贷方金额 百十万千百十元角分	记账
附件　张		合　计			

财务主管：　　　　　　复核：　　　　　　记账：　　　　　　制单：

记　账　凭　证
年　月　日　　　　　　　　　　　　　　　　　　字　号

摘要	总账科目	明细科目	借方金额 百十万千百十元角分	贷方金额 百十万千百十元角分	记账
附件　张		合　计			

财务主管：　　　　　　复核：　　　　　　记账：　　　　　　制单：

记　账　凭　证
年　月　日　　　　　　　　　　　　　　　　　　字　号

摘要	总账科目	明细科目	借方金额 百十万千百十元角分	贷方金额 百十万千百十元角分	记账
附件　张		合　计			

财务主管：　　　　　　复核：　　　　　　记账：　　　　　　制单：

附录2 空白账页

银行存款日记账

年		凭证		摘要	对应科目	√	借方									贷方									余额								
月	日	字	号				百	十	万	千	百	十	元	角	分	百	十	万	千	百	十	元	角	分	百	十	万	千	百	十	元	角	分

银行存款日记账

年		凭证		摘要	对应科目	√	借方								贷方								余额							
月	日	字	号				百	十	万	千	百	十	元	角	分	百	十	万	千	百	十	元	角	分	百	十	万	千	百	十	元	角	分

附录2 空白账页

银行存款日记账

年		凭证		摘要	对应科目	√	借方									贷方									余额								
月	日	字	号				百	十	万	千	百	十	元	角	分	百	十	万	千	百	十	元	角	分	百	十	万	千	百	十	元	角	分

银行存款日记账

年		凭证		摘要	对应科目	√	借方									贷方									余额								
月	日	字	号				百	十	万	千	百	十	元	角	分	百	十	万	千	百	十	元	角	分	百	十	万	千	百	十	元	角	分

附录2 空白账页

总分类账

会计科目：

年		凭证		摘要	√	借方								贷方								借或贷	余额							
月	日	字	号			百	十	万	千	百	十	元	角	分	百	十	万	千	百	十	元	角	分		百	十	万	千	百	十	元	角	分

总分类账

会计科目：

年 月 日	凭证字号	摘要	√	借方 百 十 万 千 百 十 元 角 分	贷方 百 十 万 千 百 十 元 角 分	借或贷	余额 百 十 万 千 百 十 元 角 分

附录2 空白账页

_____明细账

明细科目：

年		凭证		摘要	借方								贷方								借或贷	余额							
月	日	字	号		百	十	万	千	百	十	元	角	分	百	十	万	千	百	十	元	角	分		百	十	万	千	百	十	元	角	分

明细账

明细科目：_____

年		凭证		摘要	借方								贷方								借或贷	余额							
月	日	字	号		百	十	万	千	百	十	元	角	分	百	十	万	千	百	十	元	角	分		百	十	万	千	百	十	元	角	分

明细账 _____

明细科目：

年		凭证		摘要	借方								贷方								借或贷	余额							
月	日	字	号		百	十	万	千	百	十	元	角	分	百	十	万	千	百	十	元	角	分		百	十	万	千	百	十	元	角	分

明细账

明细科目：

年		凭证		摘要	借方								贷方								借或贷	余额							
月	日	字	号		百	十	万	千	百	十	元	角	分	百	十	万	千	百	十	元	角	分		百	十	万	千	百	十	元	角	分

明细账

明细科目：

年		凭证		摘要	借方								贷方								借或贷	余额							
月	日	字	号		百	十	万	千	百	十	元	角	分	百	十	万	千	百	十	元	角	分		百	十	万	千	百	十	元	角	分

明细账

明细科目：

年		凭证		摘要	借方								贷方								借或贷	余额								
月	日	字	号		百	十	万	千	百	十	元	角	分	百	十	万	千	百	十	元	角	分		百	十	万	千	百	十	元	角	分

明细账

明细科目：

凭证号数	摘要	合计																															
年 月 日		百	十	万	千	百	十	元	角	分	千	百	十	万	千	百	十	元	角	分	千	百	十	万	千	百	十	元	角	分	千	百	十	万	千	百	十	元	角	分

明细账

明细科目：

年		凭证号数	摘要	合计 百十万千百十元角分									百十万千百十元角分									百十万千百十元角分									百十万千百十元角分								
月	日																																						

明细账 _____

明细科目：

年		凭证号数	摘要	合计																															
				百	十	万	千	百	十	元	角	分	百	十	万	千	百	十	元	角	分	百	十	万	千	百	十	元	角	分	百	十	万	千	百	十	元	角	分
月	日																																						

附录2 空白账页

明细账 _____

明细科目：

年		凭证号数	摘要	合计																															
月	日			百	十	万	千	百	十	元	角	分	百	十	万	千	百	十	元	角	分	百	十	万	千	百	十	元	角	分	十	万	千	百	十	元	角	分

明细账

明细科目：

年		凭证号数	摘要	合计																													
月	日			百	十	万	千	百	十	元	角	分	百	十	万	千	百	十	元	角	分	百	十	万	千	百	十	元	角	分	十	万	千	百	十	元	角	分

明细账

明细科目：_____

年		凭证号数	摘要	合计																												
月	日			百	十	万	千	百	十	元	角	分	百	十	万	千	百	十	元	角	分	百	十	万	千	百	十	元	角	分	千	百

明细账

名称：_____ 计量单位：米

年		凭证号数	摘要	收入			支出			结存		
月	日			数量	单价	金额(百十万千百十元角分)	数量	单价	金额(百十万千百十元角分)	数量	单价	金额(百十万千百十元角分)

明细账

名称：_____　　　　　　　　　　　　　　　　　　　　　　　　　计量单位：米

年		凭证号数	摘要	收入			支出			结存	
月	日			数量	单价	金额（百十万千百十元角分）	数量	单价	金额（百十万千百十元角分）	单价	金额（百十万千百十元角分）

明细账

名称：_____ 计量单位：米

年		凭证号数	摘要	收入			支出			结存		
月	日			数量	单价	金额（百十万千百十元角分）	数量	单价	金额（百十万千百十元角分）	数量	单价	金额（百十万千百十元角分）

明细账

名称：_____ 计量单位：米

年		凭证号数	摘要	收入			支出			结存		
月	日			数量	单价	金额(百十万千百十元角分)	数量	单价	金额(百十万千百十元角分)	数量	单价	金额(百十万千百十元角分)

明细账

名称：＿＿＿＿＿＿＿＿
计量单位：米

年		凭证号数	摘要	收入			支出			结存		
月	日			数量	单价	金额（百十万千百十元角分）	数量	单价	金额（百十万千百十元角分）	数量	单价	金额（百十万千百十元角分）

明细账

名称：＿＿＿＿＿ 计量单位：米

年		凭证号数	摘要	收入			支出			结存		
月	日			数量	单价	金额(百十万千百十元角分)	数量	单价	金额(百十万千百十元角分)	数量	单价	金额(百十万千百十元角分)

明细账

名称：_____   计量单位：米

年		凭证号数	摘要	收入			支出			结存		
月	日			数量	单价	金额（百十万千百十元角分）	数量	单价	金额（百十万千百十元角分）	数量	单价	金额（百十万千百十元角分）

科目汇总表

年　　月　　日至　　日　　　　　　　　　　编号：

会计科目	借方发生额	贷方发生额	会计科目	借方发生额	贷方发生额
			合　计		

科目汇总表

年　月　日至　日　　　　　　　　　　　　　　编号：

会计科目	借方发生额	贷方发生额	会计科目	借方发生额	贷方发生额
		合　计			

科目汇总表

年　月　日至　日　　　　　　　　　　　　　　编号：

会计科目	借方发生额	贷方发生额	会计科目	借方发生额	贷方发生额
		合　计			

附录3 空白报表

资产负债表

编制单位：　　　　　　　　　　　年　月　日　　　　　　　　　　　　单位：元

资产	期末余额	上年年末余额	负债和所有者权益	期末余额	上年年末余额
流动资产：			**流动负债：**		
货币资金			短期借款		
交易性金融资产			应付票据		
应收票据			应付账款		
应收账款			合同负债		
预付款项			预收款项		
其他应收款			应付职工薪酬		
存货			应交税费		
合同资产			其他应付款		
一年内到期的非流动资产			一年内到期的非流动负债		
其他流动资产			其他流动负债		
流动资产合计			**流动负债合计**		
非流动资产：			**非流动负债：**		
债权投资			长期借款		
其他债权投资			预计负债		
长期应收款			递延所得税负债		
长期股权投资			**非流动负债合计**		
其他权益工具投资			**负债合计**		
投资性房地产			**所有者权益：**		
固定资产			实收资本		
在建工程			资本公积		
无形资产			其他综合收益		
递延所得税资产			盈余公积		
其他非流动资产			未分配利润		
非流动资产合计			**所有者权益合计**		
资产总计			**负债和所有者权益合计**		

资产负债表

编制单位：　　　　　　　　　　　　　　年　月　日　　　　　　　　　　　　　　单位：元

资产	期末余额	上年年末余额	负债和所有者权益	期末余额	上年年末余额
流动资产：			流动负债：		
货币资金			短期借款		
交易性金融资产			应付票据		
应收票据			应付账款		
应收账款			合同负债		
预付款项			预收款项		
其他应收款			应付职工薪酬		
存货			应交税费		
合同资产			其他应付款		
一年内到期的非流动资产			一年内到期的非流动负债		
其他流动资产			其他流动负债		
流动资产合计			**流动负债合计**		
非流动资产：			非流动负债：		
债权投资			长期借款		
其他债权投资			预计负债		
长期应收款			递延所得税负债		
长期股权投资			**非流动负债合计**		
其他权益工具投资			**负债合计**		
投资性房地产			所有者权益：		
固定资产			实收资本		
在建工程			资本公积		
无形资产			其他综合收益		
递延所得税资产			盈余公积		
其他非流动资产			未分配利润		
非流动资产合计			**所有者权益合计**		
资产总计			**负债和所有者权益合计**		

利 润 表

编制单位： 年 月 单位:元

项目	本期金额	上期金额
一、营业收入		
减:营业成本		
税金及附加		
销售费用		
管理费用		
研发费用		
财务费用		
其中:利息费用		
利息收入		
加:其他收益(损失以"－"号填列)		
投资收益(损失以"－"号填列)		
公允价值变动收益		
信用减值损失(损失以"－"号填列)		
资产减值损失(损失以"－"号填列)		
资产处置损益(损失以"－"号填列)		
二、营业利润		
加:营业外收入		
减:营业外支出		
三、利润总额(亏损以"－"号填列)		
减:所得税费用		
四、净利润(净亏损以"－"号填列)		
五、其他综合收益的税后净额		
(一)不能重分类进损益的其他综合收益		
(二)将重分类进损益的其他综合收益		
六、综合收益总额		
七、每股收益:		
(一)基本每股收益		
(二)稀释每股收益		

附录3　空白报表

利　润　表

编制单位：　　　　　　　　　　　　　年　月　　　　　　　　　　　　　单位:元

项目	本期金额	上期金额
一、营业收入		
减:营业成本		
税金及附加		
销售费用		
管理费用		
研发费用		
财务费用		
其中:利息费用		
利息收入		
加:其他收益(损失以"－"号填列)		
投资收益(损失以"－"号填列)		
公允价值变动收益		
信用减值损失(损失以"－"号填列)		
资产减值损失(损失以"－"号填列)		
资产处置损益(损失以"－"号填列)		
二、营业利润		
加:营业外收入		
减:营业外支出		
三、利润总额(亏损以"－"号填列)		
减:所得税费用		
四、净利润(净亏损以"－"号填列)		
五、其他综合收益的税后净额		
(一)不能重分类进损益的其他综合收益		
(二)将重分类进损益的其他综合收益		
六、综合收益总额		
七、每股收益:		
(一)基本每股收益		
(二)稀释每股收益		

参 考 文 献

[1] 中华人民共和国财政部.企业会计准则[M].上海:立信会计出版社,2022.

[2] 中华人民共和国财政部.企业会计准则应用指南[M].上海:立信会计出版社,2022.

[3] 企业会计准则编审委员会.企业会计准则案例讲解[M].上海:立信会计出版社,2022.

[4] 胡群英,费金华,陈国平,张燕.会计基础实务操作教程[M].上海:立信会计出版社,2019.

[5] 黄明,郭大伟.企业会计模拟实训教程(单项实训)[M].大连:东北财经大学出版社,2021.

[6] 李占国.会计综合模拟实训[M].北京:高等教育出版社,2020.

ISBN 978-7-5429-7204-0

1版1次 定价:42.00元